"1+X"数据资产管理
职业技能等级证书配套教材

U0645695

# 数据资产管理

## 初级

**组 编**

北京久其软件股份有限公司

**主编**

钱 晖 董海峰 纪明欣

**编委（按姓氏笔画排序）**

于 京 牟式标 刘 宁 张玉兰 李文伯

林友芳 尚文倩 赵 宏 贾淳淳 董宇欣

**支持单位（按首字汉语拼音排序）**

北京电子科技职业学院

北京交通大学

哈尔滨工程大学

义乌工商职业技术学院

中国传媒大学

北京师范大学出版集团
BEIJING NORMAL UNIVERSITY PUBLISHING GROUP
北京师范大学出版社

**图书在版编目（CIP）数据**

数据资产管理：初级/北京久其软件股份有限公司编. —北京：北京师范大学出版社，2021.10
ISBN 978-7-303-27266-2

Ⅰ．①数… Ⅱ．①北… Ⅲ．①企业管理－数据管理 Ⅳ．①F272.7

中国版本图书馆 CIP 数据核字(2021)第 186954 号

营 销 中 心 电 话　010-58802755　58801876
北师大出版社职业教育分社网　http://zjfs.bnup.com
电 子 信 箱　zhijiao@bnupg.com

出版发行：北京师范大学出版社　www.bnupg.com
　　　　　北京市西城区新街口外大街 12-3 号
　　　　　邮政编码：100088
印　　刷：天津旭非印刷有限公司
经　　销：全国新华书店
开　　本：889 mm×1194 mm　1/16
印　　张：9
字　　数：230 千字
版　　次：2021 年 10 月第 1 版
印　　次：2021 年 10 月第 1 次印刷
定　　价：38.00 元

策划编辑：鲁晓双　　　　责任编辑：鲁晓双　阎　畅
美术编辑：焦　丽　　　　装帧设计：李尘工作室
责任校对：陈　民　　　　责任印制：陈　涛

# 前　言

以云计算、大数据、物联网、移动互联网、人工智能、区块链技术为代表的新一代信息技术发展势头迅猛，已成为战略性新兴产业的重要组成部分和经济增长引擎，并带动了一批新技术、新产品、新业态、新模式的涌现。

数据作为新一代信息技术的核心，在国家与社会治理体系和治理能力现代化建设、国民经济高质量发展、现代服务业及民生保障等领域正发挥着越来越大的作用，成为国家五位一体总体布局和"创新、协调、绿色、开放、共享"新发展理念落地的重要动能，也是数字经济与实体经济深度融合的基础。

十九届四中全会首次提出"健全劳动、资本、土地、知识、技术、管理、数据等生产要素由市场评价贡献、按贡献决定报酬的机制"，明确数据是参与分配的生产要素之一。《中共中央关于制定国民经济和社会发展第十四个五年规划和二〇三五年远景目标的建议》进一步提出要"加快数字化发展。发展数字经济，推进数字产业化和产业数字化，推动数字经济和实体经济深度融合，打造具有国际竞争力的数字产业集群。"

现代职业教育体系是国家竞争力的重要支撑，也是产业快速发展的推动力量。随着新型工业化的推进和新一代信息技术的发展，利用现代职业教育体系快速培训大批的数据资产管理人才，实现人口红利与数据红利的叠加，更好地为数字社会服务已成为行业共识。

本书为"1＋X"数据资产管理职业技能等级证书配套教材，教材以三教改革、德技并修、工学融合和课程思政为指引，以"知识—技能—能力"逐步实施为导向，以培养学生的职业综合能力、职业胜任能力为目标，引入企业集团数据资产管理建设实际项目案例，充分融合教学环境与实际工作场景，将知识体系、技术技能和岗位实践有机结合。本书采用"工作领域—任务—活动"的模式编写，逐层深入，共设计6个工作领域、18个工作任务，涵盖了数据资产管理系统安装、数据资源调研与整理、数据资源登记与管理、数据稽核管理、数据安全与权限管理和数据可视化配置等内容。教材针对不同工作领域，设计专项能力训练，让学生学会完成具体工作任务，在教材最后设计综合训练，让学生综合所学知识，完成一个实际的小型项目案例，实现学中做、做中学。

本教材提供线上学习资源库，集图、文、声、像于一体，为学生提供多种形式的学习素材；同时还优化了课堂设计，充分发挥学生的主体地位，便于调动学生的学习积极性和主动性，从而使学生树立创新意识、提高创新能力。

本教材是职业院校信息技术类专业"1＋X"证书的培训教材，同时也可供从事数据资产管理咨询、数据资产管理规划、数据标准管理、数据目录管理、数据稽核以及数据安全管理等工作的大数据类技术人员学习和参考。

由于编者水平有限，书中难免出现疏漏或不足之处，敬请读者批评指正。

本书编写组

# 目录 contents

## 一、案例企业基本情况

北京某集团股份公司是一家现代服务业集团化企业，公司成立于1988年，经营范围包括商贸信息咨询服务，展览、会务服务，房地产租赁服务，电子商务服务，电子商务平台建设服务，冷链、转口贸易、装卸搬运、国内货运代理及其他仓储业服务，产业投资、投资管理，金融咨询、担保、资产管理等金融服务。

集团总部包括行政事务部、战略发展部、财务管理部、风险控制部、人力资源部、信息管理部、数字化研究院等职能部门。

行政事务部主要负责组织各类会议，处理企业日常事务和制定规章制度；战略发展部主要负责公司战略的制定、项目投资管理和资本运营管理；财务管理部负责组织制定公司财务管理办法，建立完善的会计核算体系和资金管理，制定公司年度财务和项目预算及成本控制；风险控制部主要负责公司相关法律事务、合同法律风险和审计风控；人力资源部主要负责公司招聘、劳动关系管理、培训、绩效考核和薪酬管理；信息管理部主要负责公司IT规划、架构设计及管控、架构演进、业务分析协调、项目策划、需求及项目评审等；数字化研究院负责公司数字化转型的总体规划，制定数据标准规范，进行数据治理，构建数据架构，进行数据分析，确保数据安全等。

集团旗下拥有贸易服务、智慧物流、综合金融服务等多个核心产业板块。贸易板块涵盖国际贸易和进出口贸易；物流板块涵盖冷链物流、保税仓储、供应链综合服务等；金融板块涵盖投资资产管理和基金管理等。

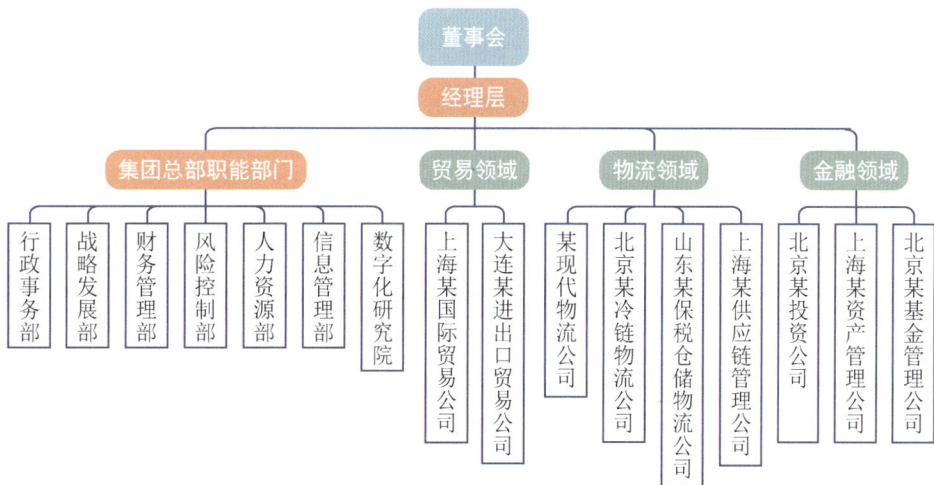

图 0-1 北京某集团股份公司组织架构

## 二、企业信息化现状

集团公司在多年的信息发展过程中，为了满足集团或各业务板块的管理需要，陆续建设了18套业务系统，这些系统一方面服务于集团的经营管理，同时也积累了大量数据。由于业务系统建设前并未进行统一战略规划，集团下属的各个板块根据自身业务需要进行信息系统建设，采用的建设标准也不统一，数据为各板块独自管辖，尚未实现统一的管理和利用。

表 0-1　集团公司主要信息系统清单

| 序号 | 所属板块 | 信息系统 | 系统简介 |
|---|---|---|---|
| 1 | 集团 | 预算管理系统 | 对未来经营活动和相应财务结果进行充分、全面的预测和筹划，并对预算执行过程进行监控 |
| 2 | 集团 | 财务核算系统 | 实现总账管理、应收款管理、应付款管理、成本管理等财务核算相关功能 |
| 3 | 集团 | 财务月报系统 | 实现财务数据月度采集上报 |
| 4 | 集团 | 资金管理系统 | 对资金流、资金调度、资金结算和运作进行管理 |
| 5 | 集团 | 集团人力资源管理系统 | 实现招聘、考勤、薪酬、绩效、培训、人事等功能，对企业的人力资源管理进行分析、规划、实施、调整 |
| 6 | 集团 | OA 办公系统 | 实现单位内部沟通协作、信息资料内部共享、文档管理、工作流程等功能 |
| 7 | 集团 | 集团投资项目管理系统 | 实现对所投资项目的全流程管理、全景视图管理、风险管理、资金池管理、统计分析等功能 |
| 8 | 集团 | 企业风险管控系统 | 收集信息，从而对风险进行识别、分析、评估、预警，并制定对应的风险管控策略 |
| 9 | 金融 | 财务核算系统（金融企业版） | 实现金融企业的总账管理、应收款管理、应付款管理、成本管理等财务核算相关功能 |
| 10 | 金融 | 财务报表系统（金融企业版） | 对金融企业的财务报表进行信息化管理 |
| 11 | 金融 | 金融风控系统 | 通过整合内外部数据，实现风险分析、反欺诈分析、决策引擎服务、信息核验服务、策略调用服务等金融风险控制 |
| 12 | 金融 | 供应链金融管理系统 | 围绕核心企业，通过对信息流、资金流的控制，整合供应链资源，推动上下游供应采购对接，实现对客户授信、融资、贸易、抵押物、贷款等功能模块的全流程管控 |
| 13 | 贸易 | 财务核算系统 | 实现总账管理、应收款管理、应付款管理、成本管理等财务核算相关功能 |
| 14 | 贸易 | 客户关系管理系统 | 以客户管理为核心，实现企业与顾客间在销售、营销和服务上的交互，对客户信息进行收集、管理、分析和利用 |
| 15 | 贸易 | 进销存管理系统 | 对企业生产经营中物料流、资金流进行全程跟踪管理，实现对货物、包装、存储及作业任务的信息化管理 |

续表

| 序号 | 所属板块 | 信息系统 | 系统简介 |
|------|---------|---------|---------|
| 16 | 物流 | 财务核算系统 | 实现总账管理、应收款管理、应付款管理、成本管理等财务核算相关功能 |
| 17 | 物流 | 客户关系管理系统 | 以客户管理为核心，实现企业与顾客间在销售、营销和服务上的交互，对客户信息进行收集、管理、分析和利用 |
| 18 | 物流 | 项目管理系统 | 实现对项目的相关合同和项目情况管理，包括合同起草审批、归档分类、在线检索、台账统计、执行风控、存证出证、司法鉴定、网络仲裁等功能；进行项目的立项、审批、验收、关键里程碑等项目建设全过程的管理 |

### 三、信息化建设面临的问题

集团公司多年的信息化建设成果为集团的业务运营提供了强有力的支撑，但在数据管理和应用上也存在一些不足，以下是集团公司的某次月度经营分析会讨论过程中的一幕。

总经理：经理层看了战略发展部提交的经营分析报告后，发现报告主观色彩比较重，数据支撑比较弱。我们公司已经建设了这么多信息系统，希望战略发展部以后能够"用数据说话"，用数据来分析解读公司发展运营情况。

战略发展部张经理：虽然我们集团总部已经有多个系统，各板块也有各自的业务系统，但是在汇总统一数据时，我们部门需要在各个系统中提取数据，工作量大且协调难度高。

财务管理部王经理：就算张经理从各个系统中提取了数据，也不一定正确。我们曾在财务系统和项目管理系统中提取过相关数据，仅"项目编码"一项，同一个项目的两个系统编码都不一样，更何况其他数据了。

信息管理部李经理：集团的系统都是各自部门负责建设运营，没有人能完全掌握我们到底有什么数据，而且数据标准也不统一，像客户、供应商、产品、项目类型等标准都不一致，系统很难整合。除此之外还有数据质量问题，技术人员将面临大量的数据处理、清洗工作，否则很难满足领导层和业务部门对于数据的需要。

战略发展部张经理：确实存在李经理说的这些问题。我们经常能收到领导们很紧急的数据需求，每次都是加班加点加人手来满足需要。我们自己做战略规划时，也需要花费大量的人力、物力、财力来串起各个系统的数据关系。

总经理：从大家反映的情况来看，虽然我们信息化系统较多，也产生了大量的数据，但这些数据都相对封闭，信息孤岛严重，数据很难打通共享，利用率太低。

风险控制部赵经理：从风控角度来看，我们集团也没有配套的数据管理、数据安全机制保障。

总经理：没错，现在很多企业都在做数字化转型，盘活数据价值，我们也必须加快步伐，防止决策滞后，使"用数据说话"成为管理常态。

结合集团公司信息化现状和本次会议对话内容，可以反映出目前集团公司信息化建设面临的主要问题有以下四个方面。

### 1. 数字化程度不高

目前集团公司的信息化建设虽然已取得了一定成效，但大部分数据仅作为信息化系统记录的数据分散在不同的系统中，尚未实现基于大量融合数据对企业的运作逻辑进行数学建模、优化，发挥数据为企业决策赋能的价值，集团公司的数字化建设尚处于起步阶段。

### 2. 信息孤岛严重

从纵向职能划分方面分析，集团公司现阶段通常是以"职能部门"进行各项工作的开展与划分，导致各类数据资产被割裂，使得决策者拿到的都是单一、孤立的单项数据资产，随着集团管理精细化的开展，这种情况将越发严重。从横向管理层级划分方面分析，集团公司体量庞大、板块众多、管理层级多，每个层级都会产生大量数据，层级之间的数据大多互相隔离，没有形成自下而上的共享与支撑体系。加上没有统一的技术和数据标准，数据不能自动传递，缺乏有效的关联和共享，更加剧了信息孤岛问题，决策支持只能是空谈。

### 3. 数据资产管理体系缺乏

集团公司缺乏有效的数据资产管理体系，无法从顶层设计出发，来规范数据的引入、使用和开放等过程，比如各类数据如何有效获取，部门之间如何分工协同，海量数据中如何挖掘高价值数据，数据高效流动如何保证等，均是需要解决的问题。

### 4. 数据安全保障不足

集团公司并未制定相应的数据安全保障策略，数据涉密等级未定，权限控制不足，导致无权限人员获取涉密信息，或者低权限人员获取高密级数据。若数据泄露至第三方企业甚至竞争对手处，将对公司利益或公司社会影响力产生影响。

## 四、企业数据资产管理诉求

在实际应用中，需要做数据资产管理的组织一般信息化建设相对成熟、信息化系统较多、数据体系较为丰富。组织信息化发展到一定程度后，系统数据繁多且分散，难以利用，若不加以管理，很容易在数据发挥作用前消耗大量成本。因此，企业需要通过搭建数据资产管理系统，对数据资产进行盘点，对分散且质量不一的数据进行深度整合和治理，构建顶层数据共享中心，以数据资产为驱动力，支撑数据资产运营，支撑组织的数字化转型。

在前述案例背景下，集团公司决定成立数据资产管理平台项目组，在集团公司内部搭建一套可用的数据资产管理平台，对现有数据资源进行目录化登记以及基础的数据治理和应用。考虑到建设的难易程度和应用紧急程度，平台分两个阶段进行建设。第一阶段纳入数据资产管理的数据范围为：集团人力资源管理系统、集团投资项目管理系统、贸易板块客户关系管理系统、贸易板块进销存管理系统、物流板块客户关系管理系统、物流板块项目管理系统。

数据资产管理平台项目组由信息管理部李经理担任项目负责人兼数据资产管理平台总工程师。

> **想一想** 在企业从业务信息化向数字化转型发展的过程中，数据资产管理能够发挥什么作用？如何增强数字化思维？

　　数据资产管理是实现企业从业务信息化向数字化转型发展的基石。数据资产管理使得企业全面掌握数据资产情况，提升数据质量，实现数据的互联互通，在安全合规的环境下，实现数据价值的最大化，以科学的数据管理方法和技术突破数字化转型的困境。

**知识拓展**

## 数据资产管理组织职能升级变迁

　　在企业数字化转型的背景下，数据管理的组织架构也面临着革新的需求。在传统的企业管理制度体系中，数据管理职能主要由 IT 部门负责，业务部门配合执行数据管理，并提出需求。

　　随着数据分析与业务融合越来越深入，业务部门逐步成为大数据应用的主角，数据资产管理在企业中扮演越来越重要的角色，越来越多的企业设置专门的数据管理职能部门，设置包括首席数据官、数据处理工程师、数据管理工程师、数据建模工程师、数据安全工程师、数据运营工程师等数据管理岗位。

# 工作领域一　数据资产管理系统安装

## 【领域概述】

数据和信息是 21 世纪重要的经济命脉，在过去十几年里，数据借助移动互联网的发展形成指数级的积累，我们的生活和工作每天都伴随着大量数据的产生。数据联通个人、企业与政府，通过开放、流通等不同方式释放出巨大价值。随着技术的不断发展，数据是资产的概念已经成为社会共识，然而对于大多数企业来说，数据资产的管理和应用还处于探索阶段。如何加工、管理和利用数据，释放数据的价值，实现企业的数字化转型，是企业面临的重要课题。

从背景案例中我们可以看出，目前集团公司的数据资源散落在多个业务系统中，尚未进行专门的数据资源盘点工作，集团公司的管理者和业务人员无法及时感知数据的分布情况，也未能有效开展数据加工和应用工作。一方面数据标准不统一、数据孤岛普遍存在导致业务系统之间的数据无法共享；另一方面数据标准缺失、数据录入不规范导致数据质量差。整个集团公司数据资源利用率较低，数据价值未能得到充分发挥。

数据资产管理是通过盘点数据资产，提升数据质量，打破数据孤岛，提高获取效率，保障数据安全，最终形成持续的闭环，进而实现数据可得、可用、好用，它是企业数据价值发挥的重要基础，也是企业数字化转型的有力保障。

目前，数据资产管理还面临诸多挑战，大部分企业和政府部门的数据基础还比较薄弱，需要进一步普及数据资产管理的相关知识和概念，不断提升数据资产的管理水平。

本工作领域的具体工作：

1. 了解数据资产管理的相关知识。

2. 系统安装与部署。

## 【能力目标】

通过本工作领域的学习，能够理解数据资产管理的相关概念和发展历程，掌握数据资产管理平台系统的安装部署技能，具备数据资产管理的认知能力，达到胜任数据资源调研分析和运维管理岗位工作职责目标。

# 任务：系统安装与部署

## 【任务场景】

集团公司在经过讨论分析之后，决定成立专门的项目组，对集团公司的各个板块数据资源情况进行盘点，对数据进行标准化、统一化管理，形成数据资产目录，并对数据质量进行治理，建立数据资产管理平台。

为了更好地完成数据资产管理平台的建设工作，数据资产项目组的成员开始体系化地学习数据资产的相关概念和知识，并着手进行资产管理平台的安装与部署工作。

## 【任务目标】

1. 了解数据资产的概念。
2. 了解数据资产管理的概念。
3. 了解数据资产管理的演变过程。
4. 学会安装数据资产管理平台。

## 【知识准备】

### 1. 数据资产

(1)数据

数据(Data)是事实或观察的结果，是对客观事物的逻辑归纳，是用于表示客观事物的未经加工的原始素材。

数据是信息的表现形式和载体，可以是符号、文字、数字、语音、图像、视频等。数据和信息是不可分离的，数据是信息的表达，信息是数据的内涵。数据本身没有意义，数据只有对实体行为产生影响时才成为信息。

数据可以是连续的值，比如声音、图像，称为模拟数据。也可以是离散的，如符号、文字，称为数字数据。

(2)数据资产

"数据资产"这一概念由信息资源和数据资源的概念逐渐演变而来，并随着数据管理、数据应用和数字经济的发展而普及。数据资产是指组织合法拥有或者控制的，能进行独立计量的，为组织带来价值的数据资源。

在企业中，数据资产的概念边界随着数据管理技术的变化而不断拓展，在大数据时代，随着分布式存储、分布式计算以及多种 AI 技术的应用，结构化数据之外的数据也被纳入数据资产的范畴，数据资产边界拓展到包括海量的标签库、企业级知识图谱、文档、图片、视频等内容。

### 2. 数据资产管理

数据资产管理(Data asset management，DAM)是规划、控制和提供数据及信息资产的一组业务职能，包括开发、执行和监督有关数据的计划、政策、方案、项目、流程、方法和程序，从而控制、保护、交付和提高数据资产的价值，数据资产管理需要充分融合业务、技术和管理，确保数据资产保值增值。

图 1-1　数据资产管理的演变过程

## 《数据管理能力成熟度评估模型》介绍

知识拓展

2018 年 3 月，我国首个数据管理领域的国家标准《数据管理能力成熟度评估模型》(GB/T 36073—2018)正式发布。该标准提供了更加符合中国特色的数据管理知识体系，定义了数据战略、数据治理、数据架构、数据应用、数据安全、数据质量、数据标准和数据生存周期共 8 个能力域，每个能力域包括若干数据管理领域的能力项，共 29 个，详细情况如表 1-1 所示。

表 1-1　数据管理能力域

| 能力域 | 能力项 |
| --- | --- |
| 数据战略 | 数据战略规划 |
| | 数据战略实施 |
| | 数据战略评估 |
| 数据治理 | 数据治理组织 |
| | 数据制度建设 |
| | 数据治理沟通 |
| 数据架构 | 数据模型 |
| | 数据分布 |
| | 数据集成与共享 |
| | 元数据管理 |
| 数据应用 | 数据分析 |
| | 数据开放共享 |
| | 数据服务 |
| 数据安全 | 数据安全策略 |
| | 数据安全管理 |
| | 数据安全审计 |

续表

| 能力域 | 能力项 |
|---|---|
| 数据质量 | 数据质量需求 |
| | 数据质量检查 |
| | 数据质量分析 |
| | 数据质量提升 |
| 数据标准 | 业务术语 |
| | 参考数据和主数据 |
| | 数据元 |
| | 指标数据 |
| 数据生存周期 | 数据需求 |
| | 数据设计和开发 |
| | 数据运维 |
| | 数据退役 |

## 【业务操作】

第一步：打开数据资产平台安装文件所在目录，双击"安装文件"，打开安装界面。

扫码观看微课

图 1-2　开始安装

第二步：单击"开始安装"，选择文件安装路径，可以使用默认路径。

图 1-3　选择文件安装路径

第三步：单击"下一步"，选择"内置数据库"，单击"检测"按钮，检测默认服务端口是否已被占用。如已被占用，手动修改后再检测，直到端口检测显示为"端口可以使用"。

图 1-4　检测端口

第四步：单击"立即安装"，等待进度条完成。

图 1-5　正在安装

第五步：勾选"立即启动服务"，单击"完成"按钮，启动服务。

图 1-6　安装完成

第六步：启动服务后，程序自动打开浏览器，因尚未安装授权文件，会弹出"服务器启动失败"的提示。若程序未自动打开浏览器，可手动打开浏览器，输入"http://localhost:809716i/"，访问数据资产服务。

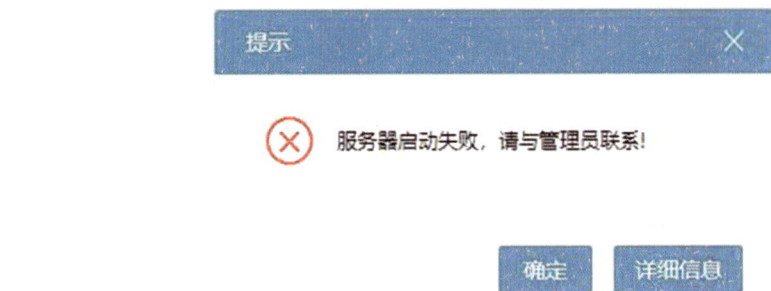

图 1-7　服务启动

第七步：单击"确定"后，自动进入系统后台登录界面，一般化操作"输入账号和密码"，登录进入后台系统授权界面。

图 1-8　登录后台

第八步：单击"选择文件"，将授权文件(扩展名为".licence"的文件)上传，单击"安装授权文件"按钮，弹出"授权安装成功"的提示后，单击"确定"，授权安装成功。

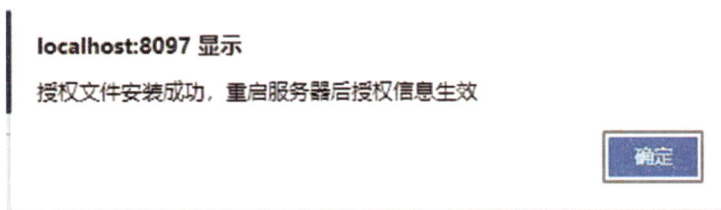

图 1-9　安装授权

第九步：关闭 tomcat 控制台，双击桌面"数据资产管理平台"图标重启服务，服务即可正常使用。

## 【实战练习】

### 1. 笔答练习题

(1)简述数据资产管理的概念和内容。

(2)简述数据管理能力成熟度评估模型包含的 8 个能力域。

### 2. 实操练习题

按照任务内容，完成系统的安装，并结合系统功能手册了解系统各个功能模块的内容。

## 工作领域二 数据资源调研与整理

### 【领域概述】

本工作领域在数据资产管理平台运行中起到承上启下的作用，是数据资产管理的先导步骤。通过对案例集团公司的标准规范、数据源进行全局梳理和盘点，使集团公司进一步"摸清数据家底"。

数据资源调研与整理是反映集团公司数据资产管理真实情况的重要手段。正式调研前，先确认调研的对象、范围、内容及调研计划。调研内容包括收集数据资产管理平台建设相关的数据、标准、环境等内容，以支撑平台的实施。

本工作领域的具体工作：

1. 数据源和数据字典的调研与整理。

2. 标准规范调研与整理。

### 【能力目标】

通过本工作领域的学习，能够掌握数据资源调研的内容和方法，并能根据调研内容完成数据资源和标准规范的整理工作，具备数据资源调研和分析整理的能力。

## 任务 1：数据源和数据字典的调研与整理

### 【任务场景】

集团公司数据资产管理平台即将启动，现项目组成员已经掌握了数据资产管理的基础知识，并明确了数据资产管理平台建设目标和建设原则。目前平台已安装完成，即将开展集团公司数据资源调研工作，对数据源进行梳理、核对，形成相关调研结果文档。

### 【任务目标】

1. 学会进行数据源的调研和成果整理。

2. 学会进行数据字典的调研和成果整理。

### 【知识准备】

#### 1. 数据元素

数据元素是用一组属性描述定义、标识、表示和允许值的一个数据单元，在特定的语义环境中是不可再分的最小数据单元。

### 2. 数据源

数据源是数据存储的来源之处，如数据库、文件等，数据源中储存了数据存储的相关信息(连接、URL、字符编码、格式等)，数据源可以作为加载数据的来源，也可以作为数据写入的目标。

### 3. 元数据

元数据是关于数据或数据元素的数据，以及关于数据拥有权、存取路径、访问权和数据易变性的数据。

### 4. 数据字典

数据字典是指对数据的数据项、数据结构、数据流、数据存储、处理逻辑等进行定义和描述，是对系统中使用的所有数据元素的定义的集合。

## 【业务操作】

### 一、数据源调研与整理

数据源调研是分析集团本部、各板块子公司数据的现状，梳理规划数据管理范围及业务边界，识别数据资源的分布情况，并根据调研完成《数据源情况调研表》的整理工作。

《数据源情况调研表》包括数据源名称、数据源类型、数据源位置、数据起止日期、更新周期和数据量等内容。

(1)数据源名称：填写数据源的中文名称，如集团人力资源管理系统。

(2)数据源类型：填写数据源的格式，如 Oracle 数据库、MySQL 数据库、H2 数据库、Derby 数据库、Excel 文件存储等类型。

(3)数据源位置：描述数据的存储位置，如文件的存储路径或数据库的 IP 地址。

(4)数据起止日期：填写数据源中数据的开始和结束日期。

(5)更新周期：数据的更新频率，如实时、每天、每周、季度、年等，这里指的是数据源的整体更新周期。

(6)数据量：根据数据文件所占的存储空间，初步评估数据量的大小，如 10 G。

《数据源情况调研表》填写示例如表 2-1 所示。

表 2-1　数据源情况调研表

| 序号 | 数据源名称 | 数据源类型 | 数据源位置 | 数据起止日期 | 更新周期 | 数据量 |
|---|---|---|---|---|---|---|
| 1 | 集团人力资源管理系统 | Derby 数据库 | .. / .. /data/JTRL | 2015 年至今 | 每天 | 580 M |
| 2 | 集团投资项目管理系统 | Derby 数据库 | .. / .. /data/JTXM | 2015 年至今 | 每天 | 960 M |
| …… | | | | | | |

### 二、数据字典调研与整理

基于对各个数据源的调研和整理，接下来需要进一步深入调研数据源的元数据情况，收集数据资源的属性信息和管理要求，并根据调研完成《数据源情况－数据字典调研表》的整理工作。

《数据源情况－数据字典调研表》(表 2-2)包括数据源名称、数据表分类、数据表中文名称、数据表物理名称、数据更新周期、共享类型等内容。

(1)数据源名称：填写数据源的中文名称，如集团人力资源系统。

(2)数据表分类：包括基础数据表和业务数据表两类。

(3)数据表中文名称：填写数据表的中文名称。

(4)数据表物理表名：填写数据表的物理表名称。

(5)数据更新周期：数据的更新频率，如实时、每天、每周、季度、年等，这里指的是单个数据表的更新周期。

(6)共享类型：包括不共享、有条件共享和无条件共享。有条件共享需要先申请后共享，无条件共享指不用申请就可以共享数据。

表 2-2　数据源情况－数据字典调研表

| 序号 | 数据源名称 | 数据表分类 | 数据表中文名称 | 数据表物理名称 | 数据更新周期 | 共享类型 |
|------|-----------|-----------|---------------|---------------|-------------|---------|
| 1 | 集团人力资源系统 | 基础表 | 学历 | MD_EDUCATION | 年 | 有条件共享 |
| 2 | 集团人力资源系统 | 业务表 | 职员信息表 | MD_STAFF | 实时 | 有条件共享 |
| …… | | | | | | |

注：本书示例系统的数据字典文档，请扫描下方的二维码下载。

数据字典及代码集

## 【任务总结】

通过本任务的学习，我们初步掌握了数据元素、数据源、元数据和数据字典的基本概念，在掌握这些概念的基础上，学会了如何进行数据源调研与相关资料的整理工作，并完成了《数据源情况调研表》和《数据源情况－数据字典调研表》。

本任务的重点是掌握数据源调研的方法和工具，难点是在调研过程中有些数据源资料可能存在欠缺，这种情况下需要通过底层数据库的表结构来分析整理数据字典。

基于本任务的成果，我们对该集团公司的数据源分布情况、各个数据源的数据字典情况有了初步的了解，这些成果为后续数据资源登记和管理工作奠定了基础。

# 任务 2：标准规范调研与整理

## 【任务场景】

项目组已完成对数据源的梳理和核对工作，接下来是进行数据标准体系的调研与整理。本次任务主要是调研集团公司在信息建设过程中所依据的标准文档、整理各个数据源系统中基础数据的代码集，并且依据标准编码规则，对基础数据的代码集进行标准化管理，形成集团公司统一的标准体系。

## 【任务目标】

1. 学会进行标准文档的调研与整理。
2. 学会进行标准代码集的调研与整理。

## 【知识准备】

### 1. 主数据

主数据指系统间共享数据(如客户、供应商、账户和组织部门相关数据)。与记录业务活动、波动较大的交易数据相比,主数据变化缓慢。在正规的关系数据模型中,交易记录(如订单行项)可通过关键字(如订单头、发票编号或产品代码)调出主数据。主数据必须存在并加以正确维护,才能保证交易系统的参照完整性。

### 2. 代码

表示特定事物(或概念)的一个或一组字符。这些字符可以是阿拉伯数字、拉丁字母或便于人和机器识别与处理的其他字符。

### 3. 代码集

代码集指具备标准代码和名称的枚举字典,例如性别、婚姻状况、学历、行政区划、民族等,业务系统中一般都存在可枚举的代码集。

代码集在标准化的信息化建设中一般会制定标准,并采用分类管理的方式,其代码的分类方式如下。

A 类代码集:业务领域中的核心实体,一般使用单独的业务数据表存储,不作为普通意义上的代码表,比如项目、合同、客户等。

B 类代码集:即静态主数据,如行政区划、科目、固定资产目录、物料编码等,每个主数据单独用一张数据表存储。

C 类代码集:即静态枚举字典,码表短小,但使用频度大,如性别、文化程度、婚姻状况、币种等,通常将所有枚举字典存储在一张物理数据表中。

## 【业务操作】

### 一、标准规范调研与整理

信息化标准规范主要包括国家标准、行业标准、地方标准和企业内部标准。标准规范主要通过对已有文字资料的查阅总结和对相关人员的访谈进行调研。因不同组织数据治理成熟度不同,其信息化标准规范的完善程度也不同,本案例集团公司在信息化建设过程中主要参考了部分国家标准,整理情况如表 2-3 所示。

表 2-3 标准规范调研情况表

| 序号 | 标准编号 | 标准名称 | 标准说明 | 标准内容(扫码观看) |
|------|---------|---------|---------|---------|
| 1 | GB/T 25109.1—2010 | 企业资源计划 第 1 部分:ERP 术语 | 本部分规定了 ERP 的术语及其定义,适用于 ERP 的研究、产品开发、咨询、培训与应用 | |

续表

| 序号 | 标准编号 | 标准名称 | 标准说明 | 标准内容<br>(扫码观看) |
|---|---|---|---|---|
| 2 | GB/T 25109.2—2010 | 企业资源计划 第2部分：ERP基础数据 | 本部分规定了ERP基础数据的描述格式和表示方法，规定了基础数据的数据字典 | |
| 3 | GB/T 25109.3—2010 | 企业资源计划 第3部分：ERP功能构件规范 | 本部分规定了ERP系统的功能构件及其内容要求 | |
| 4 | GB/T 25109.4—2010 | 企业资源计划 第4部分：ERP系统体系结构 | 本部分规定了企业资源计划系统的体系结构，说明了ERP系统的组成部分和内外关系，为企业实施ERP系统提供了业务、应用框架和技术框架方面的参考和标准 | |

## 二、代码集调研与整理

在初步完成标准规范文档的调研和整理后，需要针对数据情况进行更深入的调研，即数据的代码集情况调研。代码集的调研涉及各个数据源系统，需要对各个源系统的基础数据代码集进行调研和整理。

现以集团投资项目管理系统和物流板块项目管理系统中的"项目类型"为例，整理情况如表2-4、表2-5所示。

表2-4　集团投资项目管理系统-项目类型代码集

| 代码 | 含义 |
|---|---|
| 01 | 仓储服务项目 |
| 02 | 运输服务项目 |
| 03 | 培训服务项目 |
| 04 | 包装服务项目 |
| 05 | 流通加工服务 |

表2-5　物流板块项目管理系统-项目类型代码集

| 代码 | 含义 |
|---|---|
| A | 仓储项目 |
| B | 配送项目 |
| C | 物流加工 |

从表2-4、表2-5中可以看出，来自不同系统的"项目类型"其代码集的编码和名称有所不同，为了对数据进行关联和融合，需要统一规范编码。集团投资项目管理系统中的项目类型代码集较为标准和

规范，在本次数据资产管理平台建设中，选用其为项目类型的标准代码集。

> 注：本书示例系统的代码集在数据字典文档中，请扫描下方的二维码下载。
>
>
>
> 数据字典及代码集

## 【任务总结】

通过本任务的学习，我们初步掌握了主数据、代码、代码集的基本概念，在掌握这些概念的基础上，学习了如何进行数据标准相关内容和资料的调研整理工作，并完成了《标准规范调研情况表》以及代码集的整理工作。

本任务的重点是掌握和运用数据标准调研的方法和工具，难点是大部分组织内部的标准规范体系相对缺失，这种情况下，需要我们通过收集国家标准、行业标准或通过与业务处室一起讨论制定标准等方式来获得相关标准规范体系。

基于本任务的成果，我们初步获取并整理了该集团公司的相关标准规范体系，为后续的数据标准的登记管理以及应用提供了基础素材。

## 【能力训练】

集团公司在梳理信息化建设所采用的数据标准规范过程中，深刻体会到标准规范对整体信息化建设规划的重要性。针对集团目前的信息化建设情况，请根据本领域所学内容，收集信息化和大数据相关国家标准资料，整理出集团人力系统中所涉及的基础数据的标准代码集，比如行政区划、民族等标准代码集。

## 工作领域三 数据资源登记与管理

### 【领域概述】

本工作领域在数据资产管理平台运行中起到了决定性作用，是数据资产管理的关键步骤。根据前期需求调研小组对案例集团公司业务系统数据源、标准规范的盘点与梳理，数据管理小组将其成果登记在数据资产管理平台中，以期解决集团公司数据分散、数据规范不统一等问题。

本工作领域的具体工作：

1. 数据源登记。

2. 数据标准登记。

3. 数据资源目录登记。

4. 多维模型创建。

5. 信息资源目录登记。

6. 数据编排与处理。

7. 数据资产统计查询。

### 【能力目标】

通过本工作领域的学习，能够掌握数据资源登记与管理的方法与流程。具备独立的数据资源登记和管理能力，达到胜任数据管理工程师、数据处理工程师岗位工作职责目标。

### 任务 1：数据源登记

#### 【任务场景】

需求调研小组经过调研和分析，已梳理出集团公司业务系统的数据情况。接下来数据管理小组即将开展数据资源登记工作，将业务系统的数据登记为数据资产并进行管理。

本次任务以集团投资项目管理系统为例，数据管理小组的数据管理工程师首先从数据源下手，对数据源进行登记，配置数据接入点。

#### 【任务目标】

1. 了解数据源的类型和概念。

2. 掌握数据源登记方法，配置数据接入点。

## 【知识准备】

　　数据源登记工作是解决集团公司数据分散问题的第一步。根据调研成果，将集团公司业务系统数据源汇集于数据资产管理平台。

### 1. 接入点

　　接入点是数据资产管理所管理的外部数据源，是具体数据所在的数据库或服务器的文件目录等，包含输入接入点、输出接入点两类。其中，输入接入点即数据源，指数据资源或信息资源的来源，一般指输入。每个数据源对应一个应用系统业务库，数据源中存储了数据源的连接信息、URL、字符编码、格式等，如数据库的连接信息。输出接入点为前置机接入点，为订阅推送时指定的前置机目标接入点。

### 2. 接入点数据类型

　　接入点又分为四类数据类型，四种数据类型的概念及作用如下。

　　(1)JDBC(Java Database Connectivity)连接：是指 Java 数据库连接，是 Java 语言中用来规范客户端程序如何访问数据库的应用程序接口，提供了查询和更新数据库中数据的方法。JDBC 也是 Sun Microsystems 的商标。我们通常说的 JDBC 是面向关系型数据库的，也是本次实训主要使用的数据源类型。

　　(2)JNDI(Java Naming and Directory Interface)连接：一种标准的 Java 命名系统接口，JNDI 提供统一的客户端 API，由管理者将 JNDI API 映射为特定的命名服务和目录系统，使 Java 应用程序可以和这些命名服务和目录服务之间进行交互。

　　(3)文件类型：是对文件目录的管理，放置在前置机或者某个数据管理服务器上的各类文件路径，数据资产管理也包含对文件类型的数据进行登记和管理。

　　(4)分布式类型：分布式数据库系统(DDBS)包含分布式数据库管理系统(DDBMS)和分布式数据库(DDB)。在分布式数据库系统中，一个应用程序可以对数据库进行透明操作，数据库中的数据分别在不同的局部数据库中存储、由不同的 DBMS 进行管理、在不同的机器上运行、由不同的操作系统支持、被不同的通信网络连接在一起。其区别于传统单节点数据库，是将数据按照特定的分类和使用环境分散存储的。

## 【业务操作】

### 配置数据源接入点

　　第一步：依次单击"数据源"—"接入点"进入接入点管理界面；单击"新建接入点"，选择对应类型的接入点进行创建。

扫码观看微课

　　第二步：新建 JDBC 类型接入点。"JDBC 类型"，弹出数据源名称录入框，填写数据源名称为"集团投资项目管理系统"，单击"确定"，打开 JDBC 接入点登记管理界面。

图 3-1　新建接入点

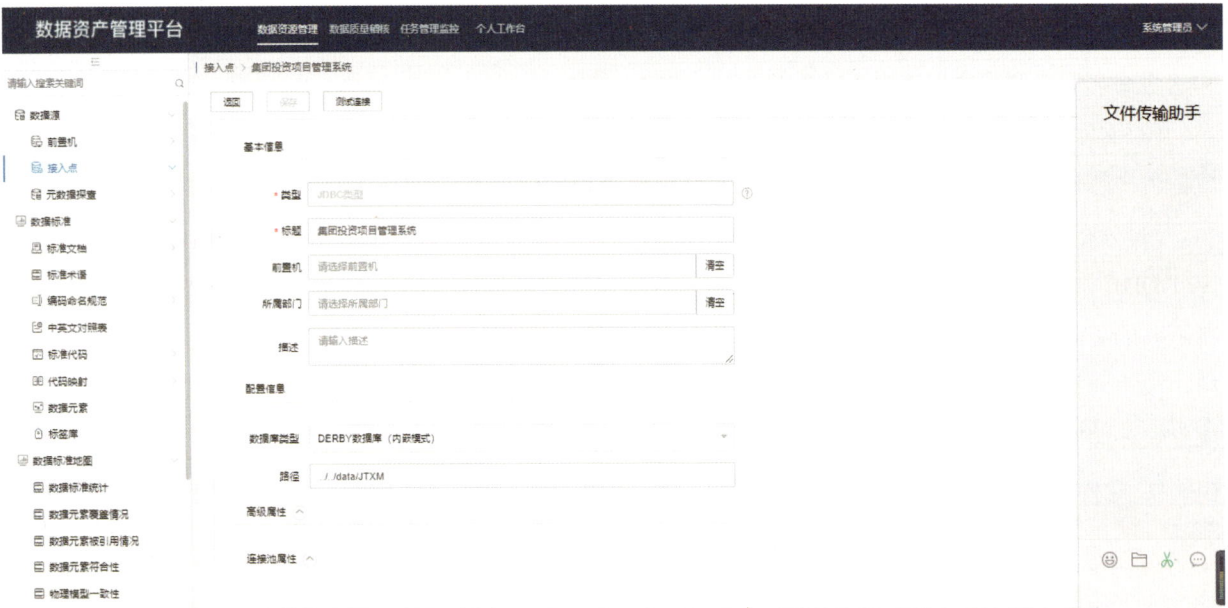

图 3-2　新建 JDBC 类型接入点

配置投资项目管理系统数据库的数据连接信息，包括基本信息和配置信息，如表 3-1 所示。

表 3-1　集团投资项目管理系统数据库连接信息

| 序号 | 属性 | 内容 | 备注 |
|---|---|---|---|
| 1 | 标题 | 集团投资项目管理系统 | |
| 2 | 前置机 | | |

续表

| 序号 | 属性 | 内容 | 备注 |
|---|---|---|---|
| 3 | 所属部门 | 集团 | |
| 4 | 描述 | 投资项目管理系统主要实现对所投资项目的全流程管理、全景视图管理、风险管理、资金池管理、统计分析等功能 | |
| 5 | 数据库类型 | DERBY | |
| 6 | 数据库模式 | 内嵌模式 | 选择 Derby 数据库后出现此属性 |
| 7 | 路径 | ../../data/JTXM | 数据文件路径根据自己的实际安装路径填写 |
| 8 | 用户名 | XM | |
| 9 | 密码 | XM | |

如果数据库连接后需带参数，可以在高级属性中配置，单击高级属性前面的 ≫（展开按钮），展开高级属性配置页面，可以设置数据库连接属性。单击页面右侧的 ⊞（增行按钮）、⊠（删行按钮），可以配置多个参数。

图 3-3　配置高级属性

配置连接池属性，连接池属性同样为选填项，可根据需要调整参数配置。

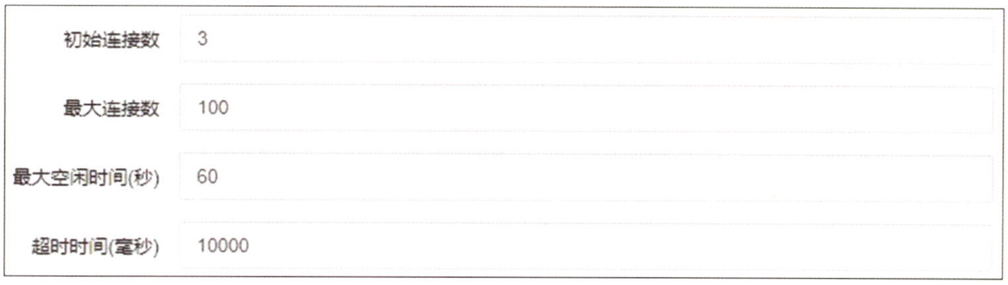

图 3-4　配置连接池属性

小提示

系统填写说明：

初始连接数：应用服务启动时设定的连接数。

最大连接数：当应用服务在已有的连接池中申请不到新连接时，连接池会在不超过最大连接数的情况下建立新连接。

最大空闲时间：当连接长时间没有向应用服务发送请求时，断开连接。

超时时间：当连接空闲时间超过该空闲时间，如果连接池中的连接数大于初始连接数，会对该连接进行回收。

第三步：测试连接。单击"测试连接"按钮，提示连接成功，即配置完成。

图 3-5　测试连接

## 【任务总结】

通过本任务的学习，我们了解了接入点的概念以及不同类型接入点的区别，并了解了在数据资产管理登记过程中，接入点的具体作用和价值，学习了如何登记及管理接入点。

本任务的重点在于了解并掌握数据库和文件两种数据源类型，掌握数据源登记的方法及配置数据的接入点，本节任务的难点是对于 JDBC 和 JNDI 两种连接类型的区分和理解，可以通过实际操作了解其各自特点。

基于本任务的成果，我们完成了对于集团公司内部要进行资产化管理的业务数据的数据源的登记和管理，为后续的数据资源的登记管理工作提供了基础。

## 【实战练习】

### 1. 笔答练习题

(1)JNDI 数据源和 JDBC 数据源的区别是什么？

(2)接入点支持哪几种类型？

### 2. 实操练习题

将其余五个系统(集团人力资源管理系统、贸易板块客户关系系统、贸易板块进销存管理系统、物流板块客户关系系统、物流板块项目管理系统)的数据库作为接入点登记到接入点管理中，请参考本任务自行完成。

> 注：本书所用的案例数据库文件已经随数据资产管理系统安装到本地目录，请根据自己实际安装路径找到数据库文件，文件名、用户名和密码均相同。

## 任务 2：数据标准登记

数据标准登记工作是将分散的数据标准管理起来，建立集团公司数据标准规范体系，为后期数据治理工作打下基石。

## 【任务场景】

数据管理工程师已经完成投资项目管理系统数据源登记工作，接下来需要对调研过程形成的标准文档、命名规范、标准代码等数据标准进行登记，实现标准内容系统化管理，建立集团公司数据标准规范体系。

## 【任务目标】

1. 了解数据标准管理的主要内容和作用。

2. 掌握数据标准管理工具的使用方法。

## 【业务操作】

### 一、新建标准文档

根据调研结果，从《标准规范调研情况表》中选取第一个标准作为示例，在数据资产管理平台中进行登记。

扫码观看微课

第一步：打开浏览器，登录数据资产管理平台，依次点选功能"数据资源管理"—"数据标准"—"标准文档"—"新建文件夹"。

图 3-6　标准文档

第二步：在"名称"后输入"国家标准"，单击"确定"。

图 3-7　新建文件夹

第三步：建立的文件夹支持"编辑""删除"和"移动"操作，单击"国家标准"，进入该文件夹。

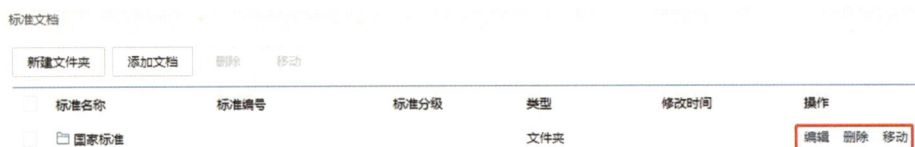

图 3-8　文件夹管理

第四步：单击"添加文档"，对《GB/T 25109.1—2010-企业资源计划　第 1 部分：ERP 术语》的标准名称、英文名称、标准编号、发布单位、标准文档分级、发布日期、实施日期、文档摘要等属性进行维护，并单击"上传附件"，上传标准的原文件，最后单击"确定"。

系统支持标准文档的添加、上传、编辑、删除、移动、下载。上传附件支持扩展名为 .pdf、.xls、.xlsx、.doc、.docx、.png、.jpg 的文件。支持上传多个附件，单个文件大小不超过 10M。

注：标准文档在"工作领域二——任务 2"中扫码观看。

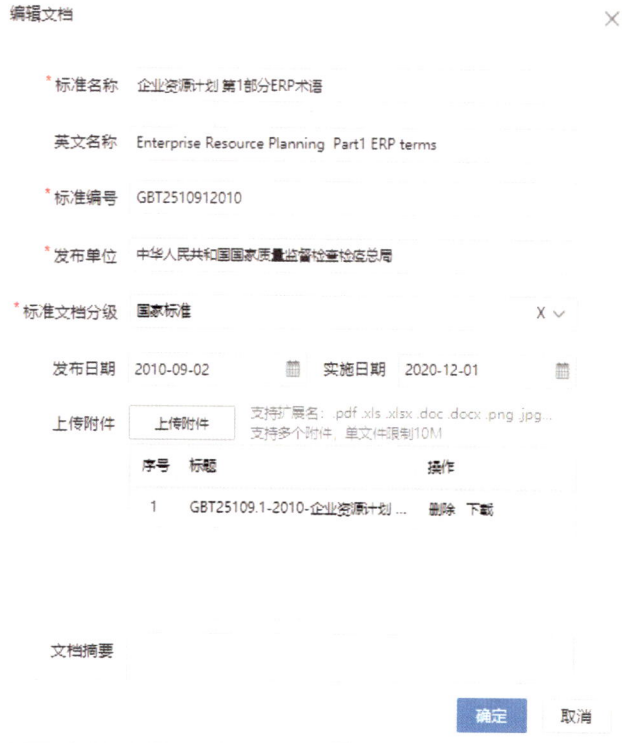

图 3-9 添加文档

第五步：检查标准文档是否上传成功，上传成功的标准文档支持编辑、删除、移动、下载等操作。

图 3-10 文档管理

系统默认采用文件系统存储上传附件，上传的附件都存储在默认路径 C:\Users\Administrator\oss下。修改存储模式需要登录后台，单击"系统选项"—"系统功能"—"对象存储"，配置存储目录。

图 3-11 修改对象存储

## 二、新建标准代码

扫码观看微课

根据"工作领域二"中"任务 2：标准规范调研与整理"的成果得知，集团投资项目管理系统和物流板块项目管理系统均有"项目类型"主数据，但两个源系统中对应的代码集不一致。根据调研整理结果，在本次数据资产管理平台建设中，选用集团投资项目管理系统中的"项目类型"作为标准代码集。

为将物流板块项目管理系统中的"项目类型"映射为标准代码，这里需要创建两个系统中的"项目类型"代码集。

第一步：新建"物流板块项目管理系统-项目类型"代码表。依次单击"数据标准"—"标准代码"—"新建代码表"，填写标识和标题，选择标准文档，指定代码分级，自动生成物理表名称。

编辑代码表　　　　　　　　　　　　　　　　✕

* 标识　　WLXM_XMLX

* 标题　　物流板块项目管理系统-项目类型

标准文档　企业资源计划 第1部分ERP术语　　　✕ ∨

* 代码分级　国家标准　　　　　　　　　　　　　∨

物理表名称　STD_DICT_WLXM_XMLX

确定　　取消

图 3-12　新建"物流板块项目管理系统-项目类型"代码表

第二步：建立代码条目。在列表中单击"物流板块项目管理系统-项目类型"，单击"新建"，新建代码条目。根据"工作领域二"中"任务 2：标准规范调研与整理"中"代码集调研与整理"的结果，依次创建代码条目。

返回　新建　删除　编辑　生成父编码　上移　下移　导入　导出

| | 序号 | 编码 | 标题 | 父编码 |
|---|---|---|---|---|
| | 1 | A | 仓储项目 | |
| | 2 | B | 配送项目 | |
| | 3 | C | 物流加工 | |

图 3-13　"物流板块项目管理系统-项目类型"代码条目

第三步：重复前两步，创建"集团投资项目管理系统-项目类型"代码表。

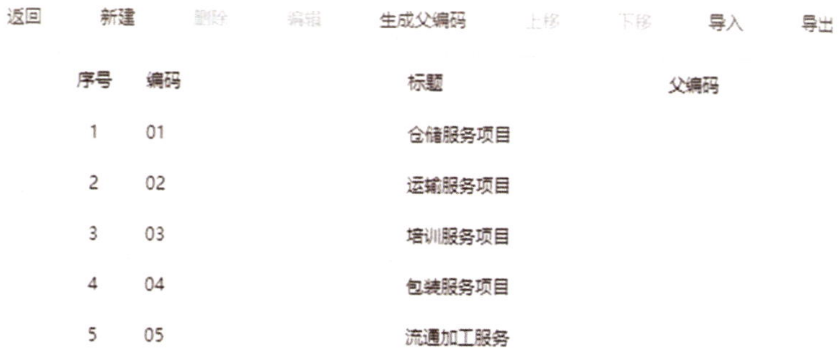

图 3-14　"集团投资项目管理系统-项目类型"代码条目

**小提示**　系统支持自动生成父编码。根据代码编码结构，生成父编码，如填写 2,2。单击"确定"后，自动生成父编码（"2,2"表示树形结构，如 01 是 0101 的上级，以此类推）。

## 三、新建代码映射

建立"物流板块项目管理系统-项目类型"与"集团投资项目管理系统-项目类型"之间的映射关系。

第一步：依次单击"数据标准"—"代码映射"—"新建代码映射"，填写代码映射标识、标题，选择投资类别源代码表、投资类别目标代码表。

扫码观看微课

图 3-15　新建代码映射

第二步：单击"操作"列中的"管理条目"，进行如下规则的映射。

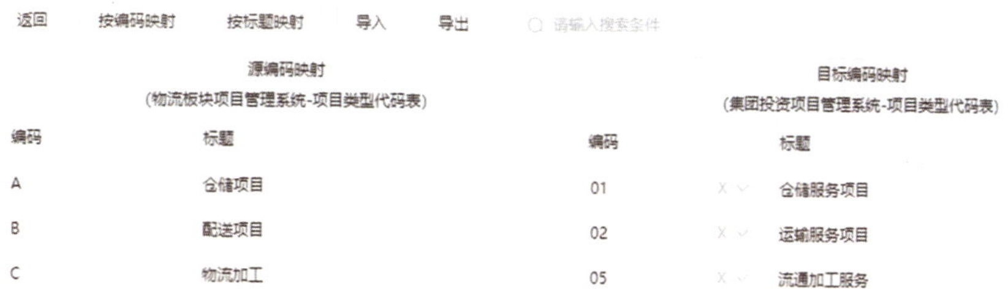

图 3-16　代码映射

小提示

系统说明：

按编码映射：将源代码表编码与目标代码表编码相同的条目，自动建立映射关系，形成映射表。

按标题映射：将源代码标题与目标代码表标题相同的条目建立映射关系。单击"按标题映射"，只对目录编码为空的条目生效，不影响已映射的条目。

导入：支持导入映射表条目，支持 csv、txt、xls、xlsx 格式文件；支持更新、追加两种方式。

导出：导出当前映射表条目到 csv 文件。

搜索：支持搜索源代码表、目录代码表中的编码列，快速定位映射表条目。

## 【任务总结】

通过本任务的学习，我们了解了不同类型的标准及其主要内容，掌握了数据标准管理工具的使用方法。

本任务的重点是熟悉数据资产化管理所涉及的各类标准的内容、作用及登记管理工具，难点在于对各类标准实际价值和作用的理解，可以通过后续的学习持续加深。

基于任务的成果，我们完成了对集团公司内部调研和整理的各类标准的登记管理工作，为后续标准规范的共享、引用等提供支撑。

## 【实战练习】

### 1. 笔答练习题

数据标准管理的作用和价值是什么？

### 2. 实操练习题

(1)根据业务梳理出可能的资源标签，在标签库中进行登记，并将结果截图上传至实训平台。

(2)将调研获取的所有数据标准信息登记到相应的位置，并截图上传至实训平台。

# 任务 3：数据资源目录登记

## 【任务场景】

数据管理工程师依次完成了集团公司业务系统的数据源登记和数据标准登记。接下来面临的问题是如何对现有的数据资源进行盘点与管理，并梳理数据之间的关联关系。为此需开展下一步工作，登记投资项目管理系统的数据资源目录，梳理数据资源清单。

## 【任务目标】

1. 具备登记数据资源的能力。
2. 掌握资源目录发布流程的方法。

## 【知识准备】

### 1. 数据资源目录

数据资源目录，主要是用来登记组织现有的各类数据资源，实现对组织现有数据资源的盘点、管理及应用，其核心是利用工具化平台对梳理和分析获取的所有业务数据资源进行可视化管理，为后续数据资源的标准化处理、数据分析挖掘、数据应用提供最原始数据资源清单和获取渠道。

资源目录，是指对资源的分级分类。针对较为庞大的组织信息化体系，可以通过构建多级目录的方式对大量的信息资源进行分类管理，构建资源目录树，类似文件夹管理。

### 2. 数据关联关系

数据的关联关系是指两个数据库及其(数据)表之间的数据的相互依赖和影响关系。通常包括一对一、一对多、多对一 3 种类型的关联关系。

### 3. 资源发布

在组织的数据资产管理过程中，组织的部分数据资产出于安全、可用性等因素考虑，不一定会将所有的资源都开放给内部或者外部申请和订阅，因此，根据组织需要，可以选择将资源的发布管理打开，该功能打开后，所有的资源只有发布并通过审批后才能被其他用户看到并申请资源。资源发布功能默认关闭的情况下，用户可以看到所有登记到系统中的资源。

## 【业务操作】

### 一、登记数据资源的系统和目录

第一步：新增应用系统。应用系统对应实际的业务系统。应用系统下支持建立多级目录。每一个应用系统下可以定义各自的数据规范。新增应用系统信息如下。

标识：JTTZXMGLXT(标识为应用系统的唯一标记，可以是英文或者字母)。

标题：集团投资项目管理系统。

布局方案：默认方案。

标签：默认空。

说明：默认空，可输入系统说明。

扫码观看微课

图 3-17 新增应用系统

第二步：新增目录。选择应用系统"集团投资项目管理系统"，单击"新增目录"按钮，打开目录编辑窗口，填写目录信息。

教材示例中将每个系统的目录分为两类，一是基础数据，二是业务数据，基础数据目录填写如下。

标识：TZXM_JCSJ（目录的唯一标记，全域不可重复）。

标题：01 基础数据。

所属上级：集团投资项目管理系统（默认在左侧目录中选择的系统）。

说明：集团投资项目管理系统中的所有基础数据信息资源。

图 3-18　新增目录

第三步：与第二步类似，录入新增"02 业务数据"目录的相关信息。

## 二、登记数据资源

第一步：新增数据资源。我们接下来以"集团投资项目管理系统"中"项目类型"为例，采用两种方式来介绍数据资源的登记，具体如下。

方式一：选中目录树中的"01 基础数据"目录，单击"新增数据资源"按钮，弹出数据资源信息的登记窗口，依次填写如下信息。

扫码观看微课

标识：XM_XMLX（全局唯一标识，建议与要登记的资源的英文标识一致）。

标题：项目类型。

接入点：投资项目管理系统。

资源类型：库表。

schema：默认。

物理表名：XM_XMLX。

表类型：代码表。

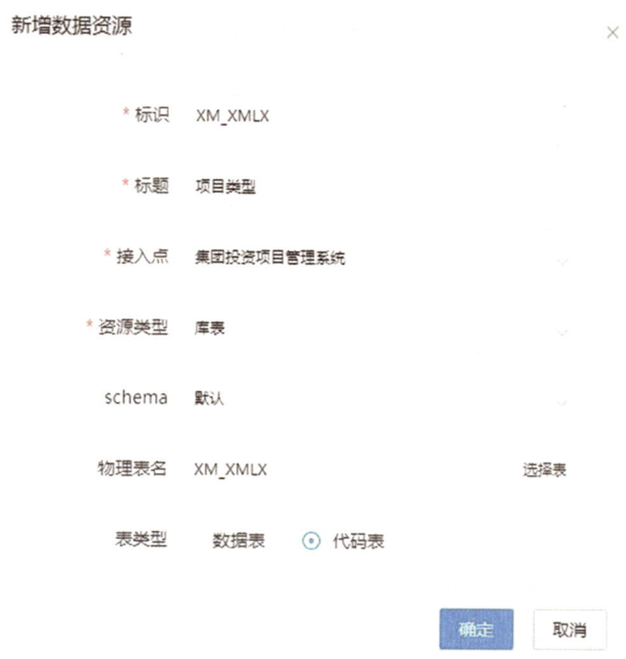

图 3-19　新增数据资源

填写说明：

标识：必填，填写数据资源编码，只能输入字母、数字和 _ ，并且以字母开头。

标题：必填，填写数据资源名称，长度不能超过 30 个字符。

接入点：树形显示所有接入点，选择 JNDI、JDBC、分布式数据源时，将创建库表数据资源；若选择文件数据源，将创建文件数据资源。

资源类型：随数据源变化，分为库表、文件两大类；若为非文件数据源，资源类型为库表；若为文件数据源，需要选择具体的文件资源类型；资源类型分为结构化文件（如 Excel、TXT、CSV 等）、非结构化文件（如 Word、PPT、PDF、HTML、XML、图像、音频、视频等）两类，默认为 Excel。

物理表名：非必填，可以创建库表数据资源后，再选择具体的物理表名。单击"选择表"，弹出对话框，搜索表名，选择数据源中对应的物理表。

表类型：分为数据表、代码表两类，基础数据类的都属于代码表（如部门信息表、行业分类表），业务数据表（如销售合同表）为业务表，根据实际情况选择。

方式二：从接入点新增数据资源。

单击"辅助功能"—"从接入点新增资源"，选择"集团投资项目管理系统"，在可选资源中选择"XM_XMLX"，单击"生成资源"即可完成添加。添加资源后，在编辑界面将资源信息按照"方式一"的信息项补充完整即可。

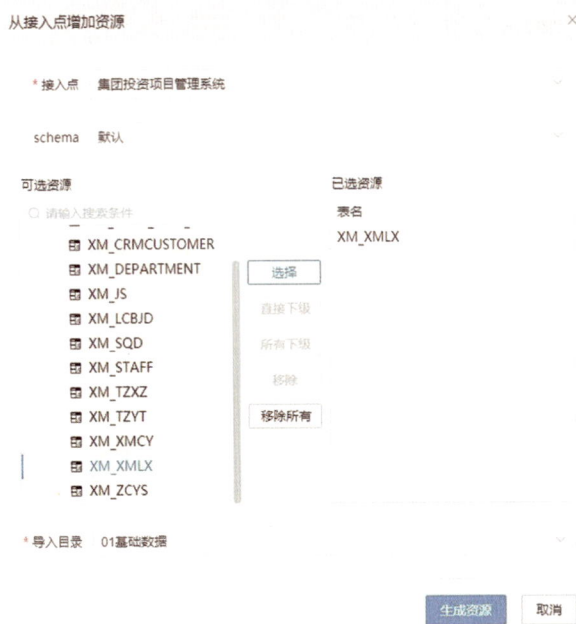

图 3-20　从接入点增加资源

**小提示**

填写说明：

接入点：必选，树形展示所有 JNDI、JDBC、分布式数据源，不包含文件数据源。

可选资源：显示所选数据源下所有库表，支持搜索库表。

已选资源：必选，列出所有已选库表。

导入目录：必选，选择库表导入的目录。

**知识拓展**

系统可以通过"导入 Power Designer 模型生成库表资源"。

单击"辅助功能""导入 Power Designer 模型生成库表资源"。

填写说明：

选择文件：必选，只允许选择 pdm 模型文件。

选择接入点：必选，树形显示所有库表数据源。

选择目录：必选，默认为目录树中当前选中目录。

可选资源：必选，默认勾选模型中所有表，可以勾掉不需要的表，所有勾选的表都将导入到目标目录下。

数据结构：可查看左侧列表中库表的数据结构。

第二步：维护基本属性。

填写数据资源的基本属性信息。选择资源"项目类型"，基础属性信息填写如下。

### 1. 基本信息

标识：第一步中已填写，可更改。

标题：第一步中已填写，可更改。

所属目录：第一步中已选择，可更改。

密级：秘密。

标签：非必填，可空。

描述：集团公司投资项目类型。

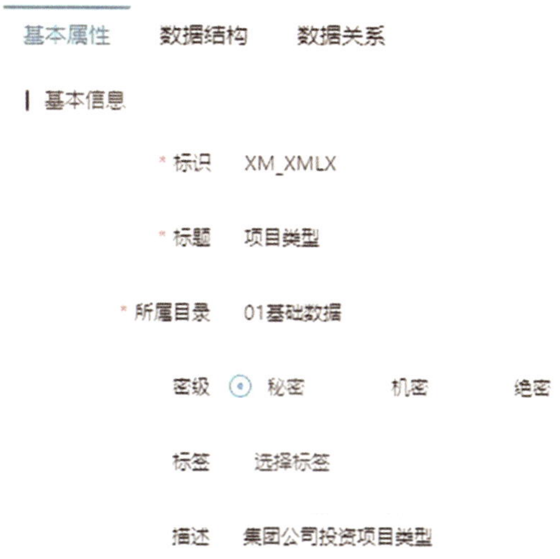

图 3-21　基本属性

**小提示**

填写说明：

所属目录：修改所属目录后，数据资源在目录树中更新。

所属部门：系统属性，默认为空。

密级：系统属性，默认为空。

标签：可在应用系统关联的标签组范围内选择，若应用系统未关联标签，可选标签为空。

描述：填写数据资源描述信息。

### 2. 数据来源

数据来源是详细描述来源数据的位置、特征等信息，填写信息如下。

接入点、类型、schema、物理表名、表类型已在第一步填写。

数据周期：2015 年至今。

更新周期：年。

应用系统：集团投资项目管理系统。

图 3-22　数据来源

小提示

填写说明：

接入点：可切换数据源。

类型：数据源为文件数据源时，可以切换文件类型。

物理表名：单击选择表，可以重新选择物理表。

数据周期：系统属性，默认为空。

更新周期：系统属性，默认为空。

应用系统：填写应用系统信息。

### 3. 共享条件

共享条件是对数据资源是否共享以及共享的条件进行设置，保障数据资源在安全可控的范围内共享。填写信息如下。

共享类型：有条件共享。

共享条件：依申请共享。

共享范围：集团公司内部各部门。

向社会发布：否。

发布条件：无。

图 3-23　共享条件

小提示

填写说明：

共享类型：数据共享的基础要求，包括条件共享、无条件共享和不予共享。

共享条件：文字描述的方式填写共享条件。

共享范围：填写共享范围。

向社会发布：填写"是"或"否"。

发布条件：填写发布条件。

知识拓展

系统支持文件类型数据资源登记，包括 Excel 资源、结构化文件资源、非结构化文件资源。

系统可实现同步库表结构，若数据库表结构发生变化，选择库表数据资源，切换到数据结构页签，同步库表数据结构。在库表数据结构中还支持自定义字段，支持同步、新增、删除、上移、下移、导入、导出、编辑字段等操作。

第三步：同步数据结构。

(1)单击数据资源的"数据结构"页签，系统会默认将所选数据资源的结构展示出来。

| 基本属性 | 数据结构 | 数据关系 | | | | | | | | | 保存 |

| 同步 | 新增 | 删除 | 上移 | 下移 | 导入 | 导出 | 同步sap字... | 从数据元素... |

| 序号 | 字段标识 | 字段标题 | 数据类型 | 精度 | 小数位 | 默认值 | 备注 | 时间字段 | 主键 | 非空 | 公开 | 关联数据元素 |
| --- | --- | --- | --- | --- | --- | --- | --- | --- | --- | --- | --- | --- |
| 1 | STDCODE | 代码 | 字符型 | 60 | | | | | | | | |
| 2 | STDNAME | 名称 | 字符型 | 60 | | | | | | | | |

图 3-24　数据结构

- 同步：将数据库中表结构同步到数据结构页面，不覆盖数据结构表中修改内容。

小提示

如果字段名称、标题、数据类型、精度等已经被修改，单击"同步"，不会覆盖修改内容，会将库表中有而数据结构页面中没有的字段同步到数据结构页面中。

- 新增：新增字段添加到表格最后一行，可编辑字段标识、标题等信息。
- 删除：删除勾选字段。
- 上移、下移：调整勾选字段在列表中的顺序。
- 导入：将 Excel 中数据结构信息导入到当前数据资源数据结构中，删除当前数据结构后覆盖导入文件所有内容。
- 导出：将当前数据结构表信息导出到 Excel 中。

(2)单击"同步"，刷新数据资源的结构，弹出警告提示，单击"确定"后同步数据结构。

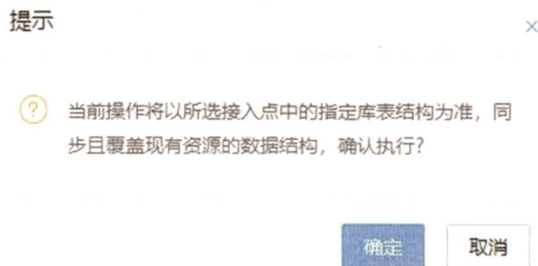

图 3-25　同步数据结构

　　根据本书案例数据字典文档(参照工作领域二)，维护数据元的属性信息，根据实际情况对各个数据元的属性进行登记管理。

图 3-26　维护数据元的属性信息

- 字段标识：表字段标识，一般为英文。
- 字段标题：表字段标题，一般为中文。
- 数据类型：默认为字符型，下拉列表中可以切换字段类型为字符型、整型、浮点、日期、布尔、未知类型。
- 精度：只允许输入正整数。
- 小数位：默认为 0。
- 默认值：默认为空，如果字段有默认值，可以填写默认值。
- 备注：备注字段的说明信息。
- 时间字段：默认不勾选，勾选后，在资源订阅时作为时间字段。
- 主键：默认不勾选，若该字段为主键，需要勾选。
- 非空：默认不勾选，该字段允许为空，若勾选，该字段不允许为空。
- 公开：默认不勾选。

第四步：创建业务数据的数据资源。

重复上述三个步骤，在分类"02 数据资源"中，创建"投资项目信息表"数据资源。

第五步：配置数据资源的数据关系。

选择"数据关系"页签，单击关联关系表下方的"＋"按钮，弹出数据关联关系的配置信息框，填写表间关联关系相关信息。

关联资源：投资项目信息表。

关联模式：选择"一对一"。

映射关系—当前资源：XMLX。

映射资源－关联资源：代码(STDCODE)。

图 3-27 新增"投资项目信息表"数据资源

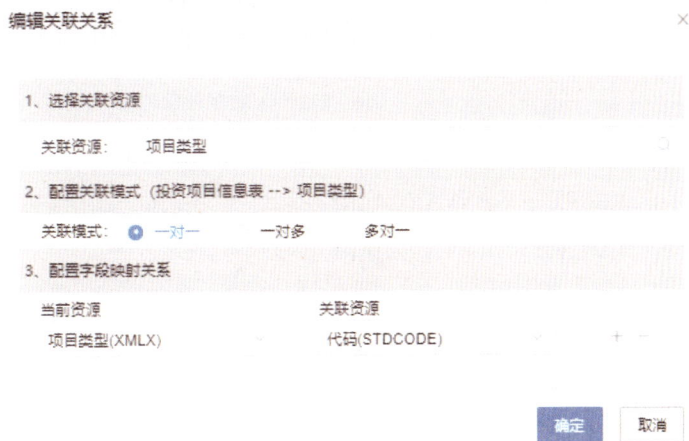

图 3-28 新增关联关系

## 【任务总结】

通过本任务的学习，我们了解了数据资源目录、数据关联关系、资源发布等相关概念，掌握了数据资源管理相关工具的使用方法，对数据资源的目录结构、内容、登记方法、辅助工具等有了更深入的理解，并了解了数据资源发布的作用及配置方法。

本任务的重点是依托对数据资源目录登记管理工具的学习，加深对数据资源目录的理解，掌握数据资源目录的登记方法、重点管理内容、目录的一般级次结构、数据关系等知识。

基于任务的成果，我们完成了对集团公司中调研获取各类数据资源的登记和管理，形成了最原始的数据资源目录体系，让原本不可见的各类数据可见，为后续的数据治理和数据全面应用奠定了基础。

## 【实战练习】

### 1. 笔答练习题

登记管理数据资源的关联关系的作用是什么？

### 2. 实操练习题

将其余五个业务系统(集团人力资源管理系统、贸易板块客户关系系统、贸易板块进销存管理系统、物流板块客户关系系统、物流板块项目管理系统)的所有数据资源按照标准流程登记到资源目录中。

## 任务 4：信息资源目录登记

根据底层数据的关联关系、集团公司的关注方向划分主题域，开展信息资源目录登记工作，按照组织的业务划分、数据的分层对主题域进行划分，使数据资产的管理和应用层次更加清晰，保障集团公司精准获取所需数据，实现信息资源的规范化管理。

### 【任务场景】

根据集团公司的业务需要，集团决策者需要看到其投资在物流板块的项目累计收益情况，那么就要将集团投资项目管理的项目数据和物流板块的项目数据进行关联分析。为此，相关部门创建了一个整合两个业务系统项目数据的信息资源，字段信息如表 3-2 所示。

表 3-2　物流投资项目综合情况表字段信息

| 序号 | 中文名称 | 英文标识 | 字段类型 | 长度 | 字段关联表 | 关联字段 | 主键 |
|---|---|---|---|---|---|---|---|
| 1 | 行标识 | RECID | NVARCHAR2 | 32 | | | Y |
| 2 | 项目编号 | XMBH | NVARCHAR2 | 32 | | | |
| 3 | 项目名称 | XMMC | NVARCHAR2 | 100 | | | |
| 4 | 项目类型 | XMLX | NVARCHAR2 | 30 | DIM_XMLX | STDCODE | |
| 5 | 合同编号 | HTBH | NVARCHAR2 | 100 | | | |
| 6 | 合同名称 | HTML | NVARCHAR2 | 500 | | | |
| 7 | 投资项目立项日期 | SSXM_LXSJ | NVARCHAR2 | 50 | | | |
| 8 | 竞争对手描述 | JZDSMS | NVARCHAR2 | 100 | | | |
| 9 | 项目累计收入 | WLXM_XMLJSR | NUMBER | 18,2 | | | |

说明：序号 1～7 来自集团投资项目管理系统中的投资项目信息表，8～9 来自物流板块项目管理系统的项目信息表。

该数据资源关联一个项目类型维度表，维度表信息如下。

物理表名：DIM_XMLX。

数据周期：年。

共享类型：有条件共享。

数据来源：集团投资项目管理系统-项目类型表。

表结构如下：

| 中文名称 | 英文标识 | 字段类型 | 长度 | 字段关联表 | 关联字段 | 主键 |
|---|---|---|---|---|---|---|

续表

| 中文名称 | 英文标识 | 字段类型 | 长度 | 字段关联表 | 关联字段 | 主键 |
|---|---|---|---|---|---|---|
| 代码 | STDCODE | NVARCHAR2 | 60 | | | Y |
| 名称 | STDNAME | NVARCHAR2 | 60 | | | |

代码集如下：

| 代码 | 含义 |
|---|---|
| 01 | 仓储服务项目 |
| 02 | 运输服务项目 |
| 03 | 培训服务项目 |
| 04 | 包装服务项目 |
| 05 | 流通加工服务 |

## 【任务目标】

1. 了解信息资源目录中的相关概念。

2. 具备信息资源目录登记能力。

## 【知识准备】

### 1. 主题域

主题域是信息资源规划的业务领域划分，通常用于对信息资源进行业务层面的分类管理，在信息资产管理中，需要按照组织的业务划分、数据的分层对主题域进行划分，主题域的划分主要是为了方便数据使用人员对信息资源的查找和理解，也是为了方便对信息资源的规范化管理。

### 2. 信息资源目录

信息资源目录，是指登记和管理标准化后的数据资源及按照上层应用需求加工处理后的数据资源。信息资源目录的设置，主要是为了规范组织数据资产的管理，将原始未加工的、难以理解和利用的数据和标准化处理及面向应用处理的高质量数据进行区分管理，使得数据资产的管理和应用层次更加清晰，隔离管理和使用，保障用户精准获取所需数据。

### 3. 维度

维度是相关对象(称为属性)的集合，用于提供有关一个或多个 Cube 模型中事实数据的信息。例如产品维度中的典型属性可能是产品名称、产品类别、产品系列、产品规格和产品价格。维度分为普通维度、时间维度和单位维度三种，在创建完成后，需要发布数据库的物理表。

### 4. 度量

度量是数据集中的一组值，这些值基于数据集的一列，通常为数值。度量为数据集的用户提供了有意义的真实信息，度量是需要聚合的一些数值。此外，度量是所分析的数据集的中心值，即度量是最终用户浏览数据集时重点查看的数字数据。介绍度量的概念有助于理解本工作领域稽核数据集的字段属性度量字段列。

信息资源目录的启用，一般依托于两类场景。

(1)信息化建设周期较长，组织需要做数据整合，数据治理的，信息资源目录用于登记管理治理后的标准化数据，此部分数据是用来做数据分析挖掘、共享应用的核心。

(2)组织构建了数据中心、数据共享交换平台、数据分析应用平台等，基于原始的数据资源或者基于数据治理后的数据资源对数据进行更深层次的加工和应用，信息资源目录对面向应用的数据进行管理，用于数据的再加工和数据共享。

大多数情况下，信息资源目录中会登记以上两类资源，尤其是组织利用数据资产管理来做组织整体的信息资源规划、数据治理和大数据应用的情况。

## 【业务操作】

### 一、构建主题域及目录

第一步：新建主题域。

依次单击"信息资源""新建主题域"，打开主题域新增窗口，输入如下信息。

标识：XMZTY。

标题：项目主题域。

布局方案：默认方案。

标签：项目主题域，整合集团投资项目管理和物流板块项目管理的数据。

扫码观看微课

| * 标识 | XMZTY |
| --- | --- |
| * 标题 | 项目主题域 |
| * 布局方案 | 默认方案 |
| 标签 | 基础数据 ⊗ |
| 说明 | 项目主题域，整合集团投资项目管理和物流板块项目管理的数据 |

确定　取消

图 3-29　新建主题域

填写说明：

标识：必填，只能输入字母、数字和 _，并且以字母开头。

标题：必填，长度不能超过 30 个字符。

布局方案：默认为默认布局方案，也可以指定布局方案，只显示指定布局方案中配置的属性，影响主题域下所有信息资源的基本属性页面、浏览页面显示的属性。

标签：非必填，默认为空，可选择主题域关联的标签组，影响主题域下信息资源选择标签的范围，只显示主题域关联的标签。

说明：非必填，可对主题域作说明。

**知识拓展**

平台可以实现主题域 ER 图管理，每个主题域对应一张 ER 图，包含当前主题域的所有库表、维度、Cube 信息资源，不包括指标方案、文件信息资源。支持在 ER 图管理中定位信息资源，维护信息资源关联关系。

第二步：新增目录。

选中项目主题域，单击"新增目录"按钮，打开目录信息编辑窗口，填写信息。

标识：XMFXZT。

标题：项目分析专题库。

所属上级：默认，项目库。

说明：项目分析专题库，整合集团投资项目管理和物流板块项目管理的数据。

图 3-30　新增目录

## 二、新建维度

第一步：创建维度。

在信息资源目录树中选中"项目主题域-项目分析专题库"分类。依次单击"新建"—"新建维度"。

扫码观看微课

图 3-31　新建维度

第二步：创建维属性。

选择"维属性"页签，单击"新建维属性"，根据任务场景里所描述的维度信息录入维属性信息。单击"发布"发布该维度。

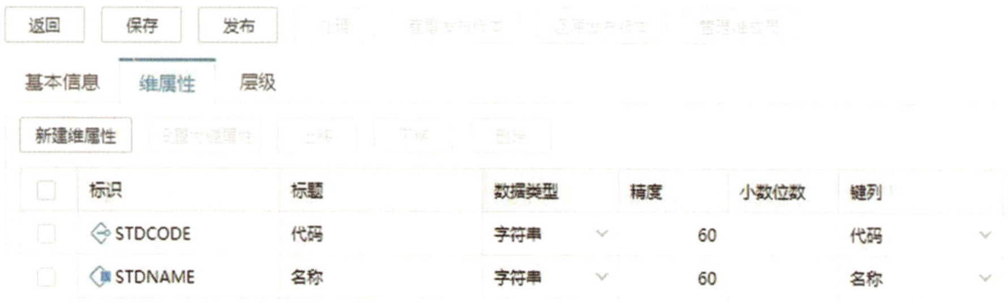

图 3-32　新建维属性

第三步：管理维成员。

依次单击"管理维成员"—"新建维成员"，根据任务场景里所描述的维度信息录入维成员信息。

图 3-33　新建维成员

### 三、登记信息资源

第一步：创建信息资源。

依次单击"项目分析专题库"—"新建"—"新建资源"。弹出资源基本信息登记窗口，填写如下信息。

扫码观看微课

标识：WLTZXMZHQKB。

标题：物流投资项目综合情况表。

接入点：JQBI。

资源类型：库表。

schema：默认。

物理表名：DW_WLTZXMZHQKB。

表类型：数据表。

图 3-34　新建资源

填写说明：

标识：必填，只能输入字母、数字和 _ ，并且以字母开头。

标题：必填，长度不能超过 30 个字符。

接入点：默认为上一次选择数据源，可切换数据源。

资源类型：选择非文件数据源时，资源类型为库表。

物理表名：非必填，支持输入物理表名；支持搜索物理表名，过滤出符合条件的表和视图，在列表中选择表。

第二步：维护基本属性。

登记完成资源的基本信息，单击"确定"之后，打开信息资源的详细信息维护界面，包括基本属性、数据结构、数据编排和数据关系。

#### 1. 基本信息

标识、标题、所属目录已在上一节任务中登记，可修改。

密级：秘密。

标签：可空。

描述：整合集团投资项目和物流板块项目数据。

## 2. 数据来源

补充数据周期、更新周期信息如下。

数据周期：2015 年至今。

更新周期：实时。

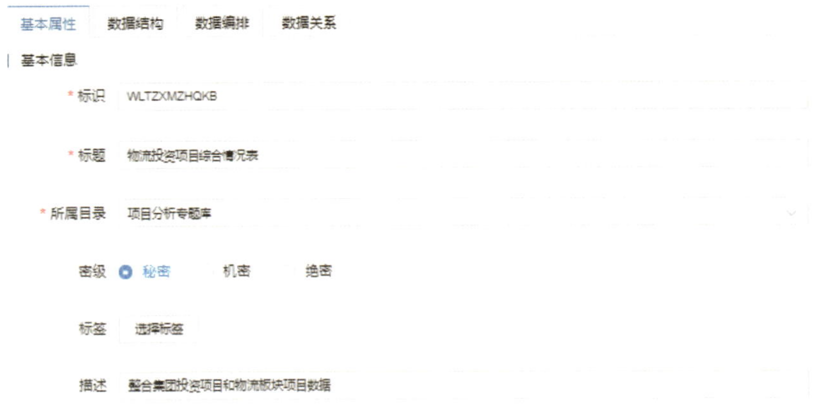

图 3-35　基本信息

图 3-36　数据来源

## 3. 共享条件

共享条件的登记信息如下。

共享类型：有条件共享。

共享条件：依申请共享。

共享范围：集团公司内部各业务部门。

向社会发布：否。

发布条件：无。

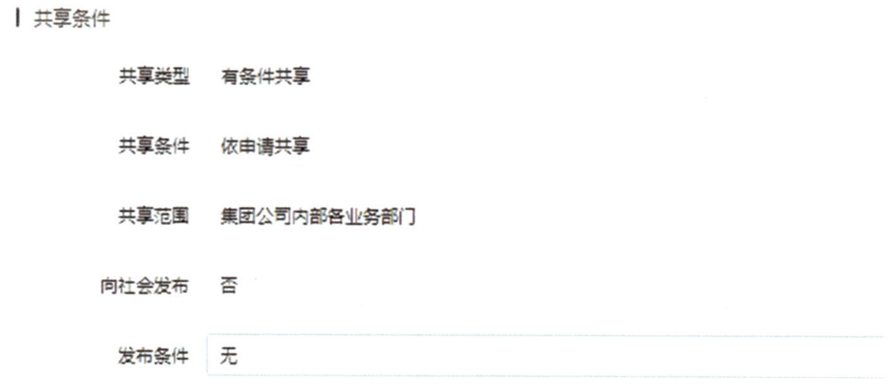
共享条件
共享类型 有条件共享
共享条件 依申请共享
共享范围 集团公司内部各业务部门
向社会发布 否
发布条件 无

图 3-37 共享条件

第三步：创建物流投资项目综合情况表。

切换到“数据结构”页签，单击“新增”按钮，填写字段信息并保存。字段信息见前文“表 3-2”。系统支持 Excel 文件导入、导出。

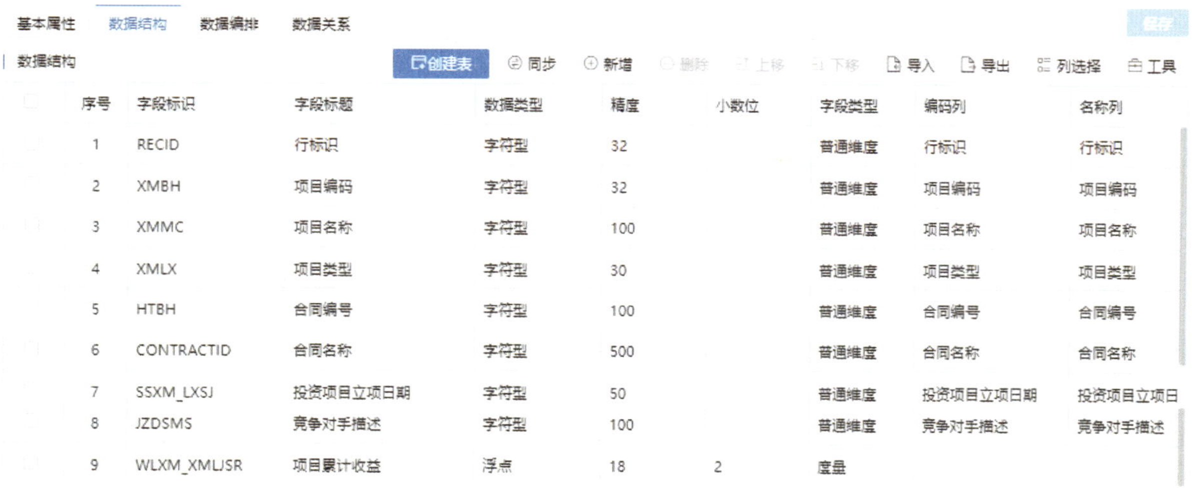
基本属性
数据结构
数据编排
数据关系
保存
数据结构
创建表
同步
新增
删除
上移
下移
导入
导出
列选择
工具

| 序号 | 字段标识 | 字段标题 | 数据类型 | 精度 | 小数位 | 字段类型 | 编码列 | 名称列 |
|---|---|---|---|---|---|---|---|---|
| 1 | RECID | 行标识 | 字符型 | 32 | | 普通维度 | 行标识 | 行标识 |
| 2 | XMBH | 项目编码 | 字符型 | 32 | | 普通维度 | 项目编码 | 项目编码 |
| 3 | XMMC | 项目名称 | 字符型 | 100 | | 普通维度 | 项目名称 | 项目名称 |
| 4 | XMLX | 项目类型 | 字符型 | 30 | | 普通维度 | 项目类型 | 项目类型 |
| 5 | HTBH | 合同编号 | 字符型 | 100 | | 普通维度 | 合同编号 | 合同编号 |
| 6 | CONTRACTID | 合同名称 | 字符型 | 500 | | 普通维度 | 合同名称 | 合同名称 |
| 7 | SSXM_LXSJ | 投资项目立项日期 | 字符型 | 50 | | 普通维度 | 投资项目立项日期 | 投资项目立项日 |
| 8 | JZDSMS | 竞争对手描述 | 字符型 | 100 | | 普通维度 | 竞争对手描述 | 竞争对手描述 |
| 9 | WLXM_XMLJSR | 项目累计收益 | 浮点 | 18 | 2 | 度量 | | |

图 3-38 新建表内字段

小提示

填写说明：

字段标题：编辑字段标题。

数据类型：支持字符型、整型、长整型、浮点、布尔、日期、二进制、未知类型。

精度：编辑字段精度。

小数位：浮点类型字段，可设置小数位。

字段类型：支持普通维度、时间维度、度量、描述信息。

编码列：设置字段的编码列，如单位代码。

名称列：设置字段的名称列，如单位名称。

消息别名：用于参数消息传递，如设置为单位代码 DWDW，消息别名相同时可以传递参数值。

键属性：维度属性中，最小粒度的具有唯一性属性，可以类比数据库主键的概念。

TIMEKEY：字段类型为时间字段时勾选。

时间粒度：字段类型为时间字段可配置，支持年、半年、季度、月份、旬、日，影响显示格式。

聚合方式：字段类型为度量时可配置，支持求和、计数、最大值、最小值、求平均。

应用类型：字段类型为度量时可配置，支持时期数、时点数、累计数、期初数、期末数。

数据格式：配置时间字段数据格式，如 yyyyMMdd。

默认快速条件：配置即席查询中快速选择条件。

隐藏：配置即席查询中隐藏。

主键：配置物理表主键，可设置联合主键，默认不勾选。

非空：配置物理表字段非空，默认不勾选，允许为空。

公开：配置字段是否公开。

默认值：配置字段默认值，默认为空。

备注：配置字段备注信息。

分组：为字段属性分组，与业务视图中类似。

单击"创建表"，执行流程，项目基本信息表创建完成。

图 3-39　创建表

执行流程

1.创建表【DW_WLTZXMZHQKB】

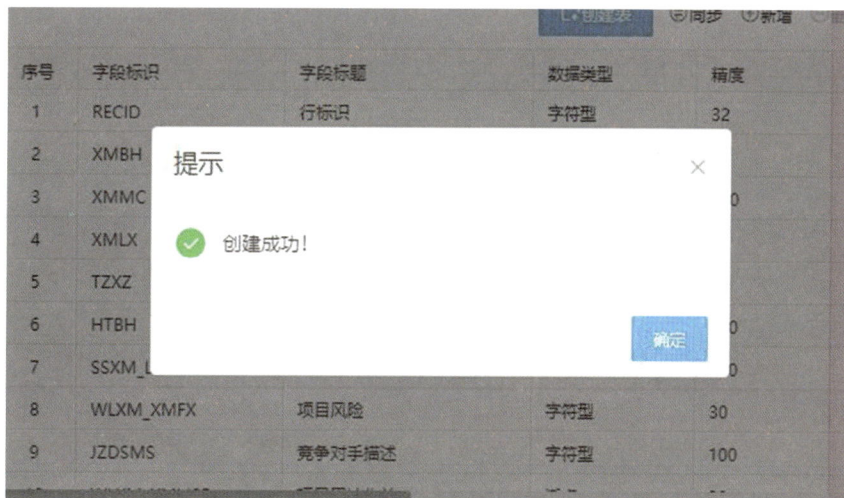

图 3-40　执行流程

图 3-41　库表创建成功

第四步：配置数据资源的数据关系将维度和表关联起来。

## 四、其他资源类型

### 1. 其他新增资源方式

（1）引用资源（库表信息资源）：适用于同一个库表信息资源在多个主题域或目录下出现的情况，为同一个信息资源，信息资源标识、标题均相同；即支持引用已有信息资源。不同主题域下，可以引用同一个信息资源。单击"引用资源"。

扫码观看微课

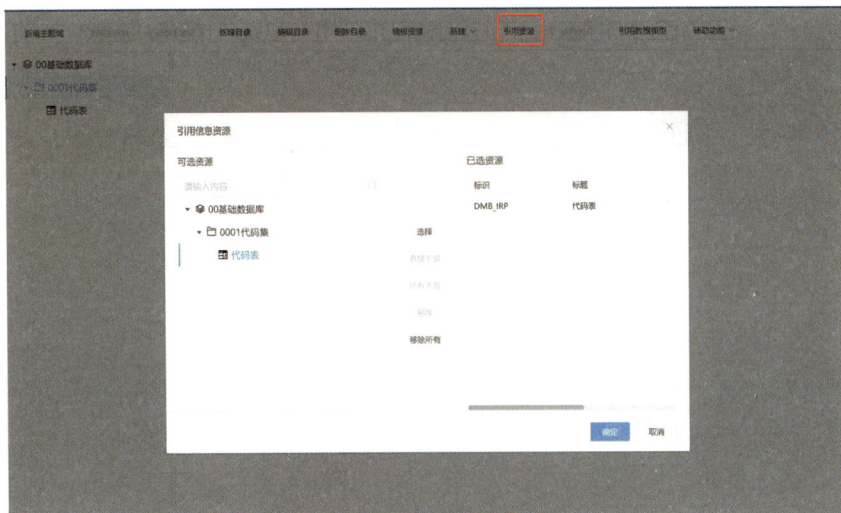

图 3-42　引用信息资源

（2）导入 Power Designer 模型生成库表信息资源：适用于基于模型文件生成库表信息资源的场景；单击"功辅助能"—"导入 Power Designer 模型"。

选择文件：必选，只允许选择 pdm 模型文件。

选择接入点：必选，树形显示所有库表数据源。

选择目录：必选，默认为目录树中当前选中目录。

可选资源：必选，默认勾选模型中所有表，可以勾掉不需要的表，所有勾选的表都将导入到目标目录下。

数据结构：可查看左侧列表中库表的数据结构。

图 3-43　导入 Power Designer 模型生成库表信息资源

（3）从接入点增加资源：适用于物理表已存在，批量新建信息资源的场景。单击"辅助功能"—"从接入点新建资源"。

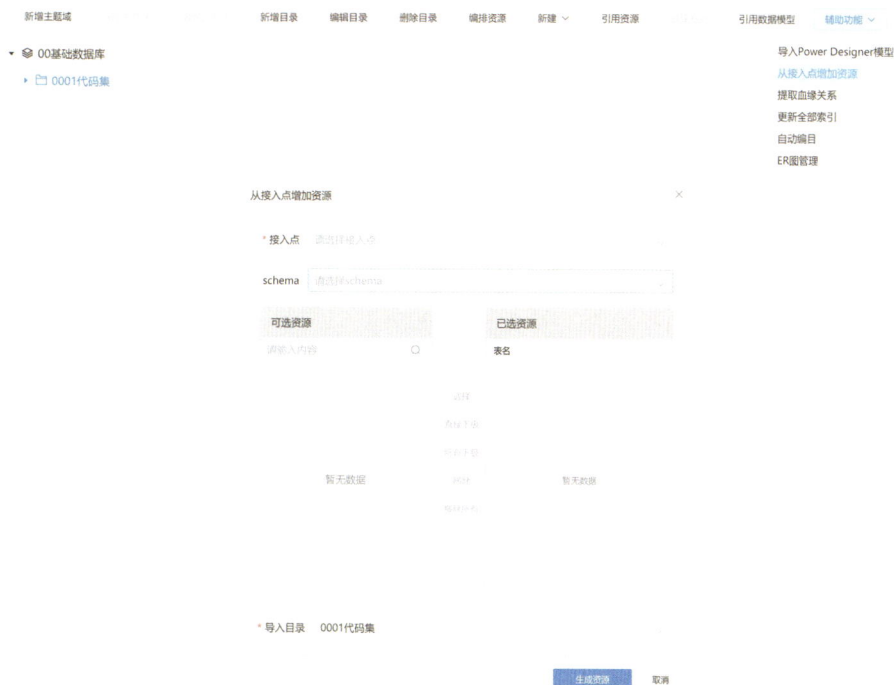

图 3-44　从接入点新建资源

接入点：必选，树形展示所有 JNDI、JDBC、分布式数据源，不包含文件数据源。

可选资源：显示所选数据源下所有库表，支持搜索库表。

已选资源：必选，列出所有已选库表。

导入目录：必选，选择库表导入的目录。

(4)从数据资源创建：适用于信息资源数据结构与数据资源数据结构完全相同的情况。创建的信息资源数据结构不允许新增字段；支持选择多个数据资源，批量创建信息资源。依次单击"新建"—"数据资源创建"。弹出资源基本信息登记窗口，填写如下信息。

图 3-45　从数据资源创建

选择数据资源：支持同时选择多个数据资源，新建信息资源。

搜索：支持搜索数据资源标题，定位到数据资源。

直接下级：将选中目录的直接下级添加到已选列表中。

所有下级：将选中目录的所有下级添加到已选列表中。

移除：移除已选列表中选中资源。

移除所有：移除已选列表中所有资源。

### 2. 指标信息资源

信息资源管理中，支持新建指标方案、新建指标视图、引用已有的信息资源(指标方案、指标视图)、引用已有的数据模型(指标方案、指标视图)。

第一步：新建指标方案。依次单击"项目分析专题库"目录—"新建"—"新建指标方案"。

图 3-46　新建指标方案

第二步：新建指标视图。单击"新建"—"新建指标视图"。

图 3-47　新建指标视图

第三步：引用资源(指标方案/指标视图)。支持引用指标信息资源。不同主题域下，可以引用同一个信息资源。单击"引用资源"。

图 3-48　引用资源

第四步：引用数据模型。引用系统中已有指标方案/指标视图，生成信息资源。引用已有指标方案、指标视图时，应同时引用对应的主维度、时期维度生成信息资源。单击"引用数据模型"。

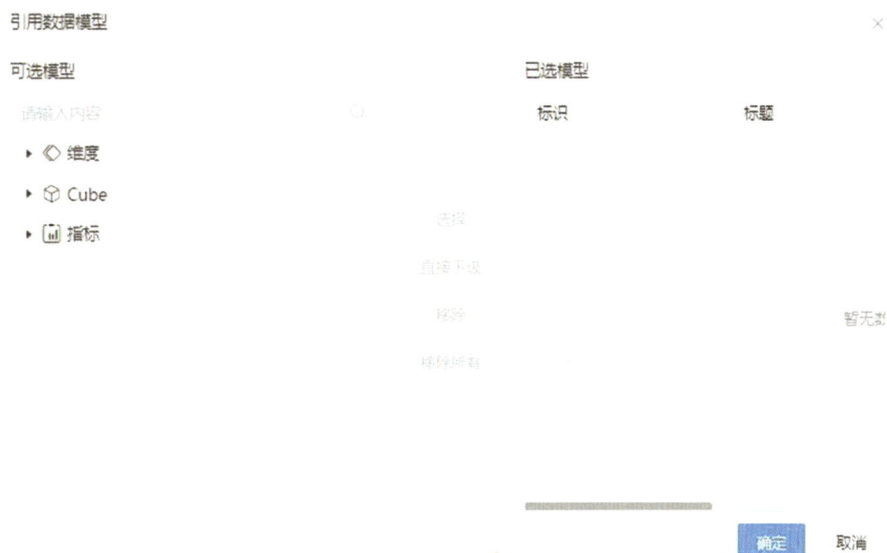

图 3-49　引用数据模型

### 3. 维度信息资源

在选中资源目录下新建维度。

第一步：新建维度。单击"新建"—"新建维度"。

图 3-50　新建维度

第二步：引用资源(维度信息资源)。具体操作参考"指标信息资源"中的第三步。

图 3-51　引用资源(维度信息资源)

第三步：引用数据模型(维度)。引用系统中已有维度，生成信息资源。支持搜索维度。

图 3-52 引用数据模型(维度)

## 4. Cube 信息资源

方式一：新建 Cube。单击"新建"—"新建 Cube"。

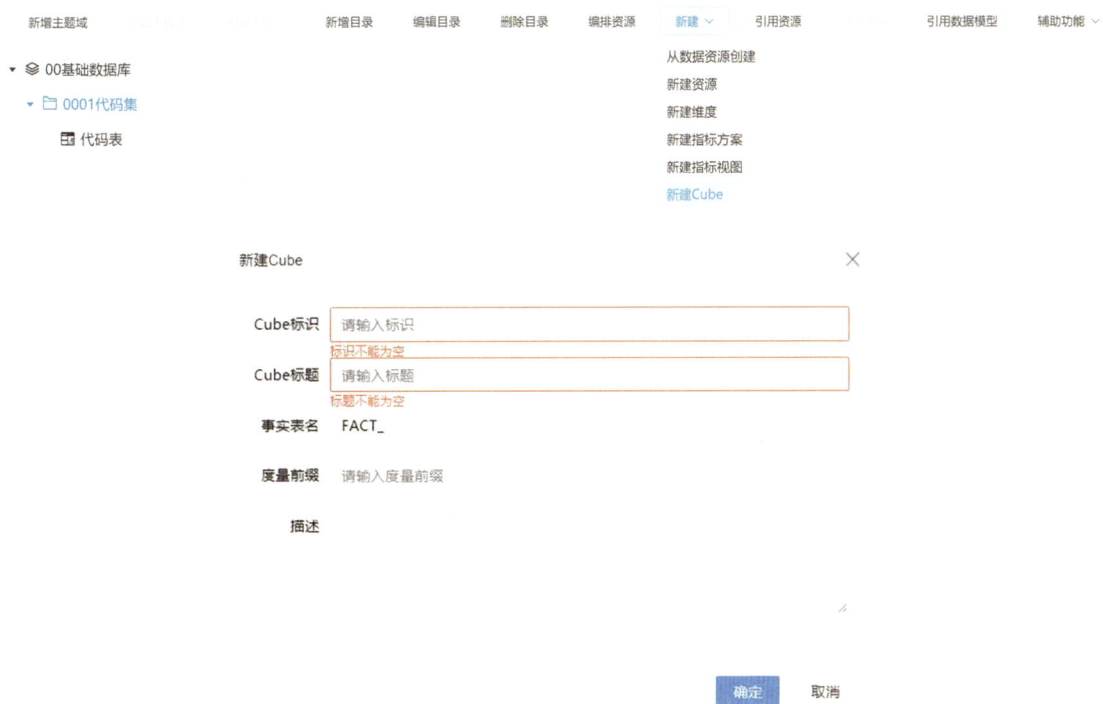

图 3-53 新建 Cube

方式二：引用资源(Cube 信息资源)。

图 3-54　引用资源(Cube 信息资源)

方式三：引用数据模型(Cube)。引用系统中已有 Cube 时，应同时引用 Cube 关联的维度，生成信息资源。

图 3-55　引用数据模型(Cube)

### 5. 文件数据资源

第一步：从数据资源创建。单击"新建"—"从数据资源创建"。支持选择多个文件数据资源，批量创建文件信息资源。

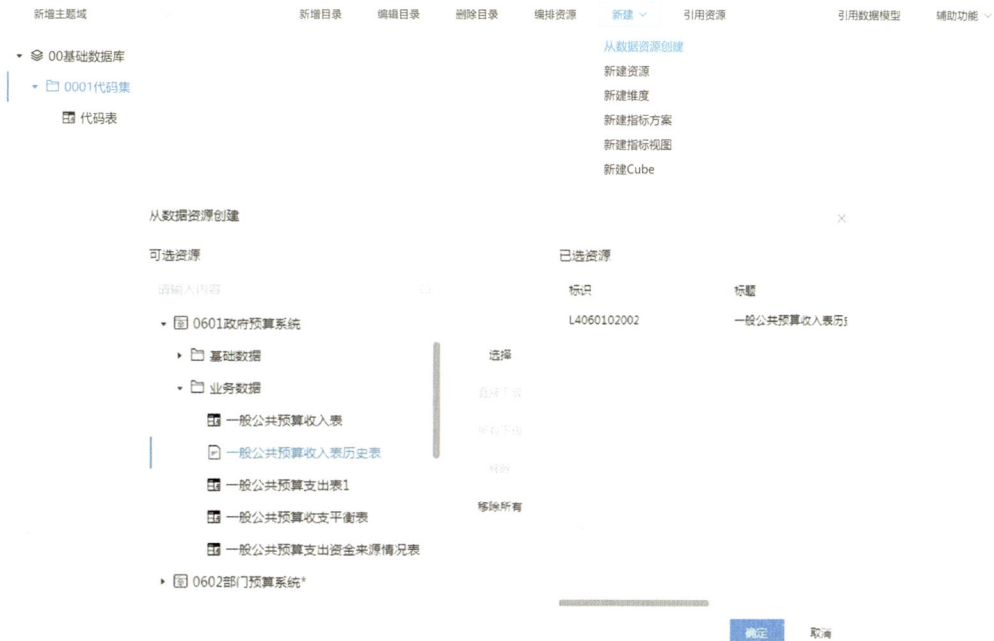

图 3-56　从数据资源创建

第二步：新建 Excel 文件(结构化文件)。单击"新建"—"新建资源"，接入点选择"文件"数据源，资源类型选择"Excel"。

图 3-57　新建 Excel 文件(结构化文件)

第三步：新建 txt 文件(结构化文件)。单击"新建"—"新建资源"，接入点选择"文件"数据源，资源类型选择"txt"，填写文件名，选择分隔符，填写封闭字符(例："aa00""bb01"就是封闭字符)，选择字符集，填写数据开始行数。

图 3-58　新建 txt 文件(结构化文件)

　　第四步：引用资源(文件信息资源)。可以引用已登记的信息资源作为新资源，一般是一个资源有多个应用模式时使用此功能。

图 3-59　引用资源(文件信息资源)

## 【任务总结】

　　通过本任务的学习，我们了解了主题域、信息资源目录、维度、度量等相关概念，掌握了各种不同类型的信息资源的创建和管理过程，并借助对多维模型的创建过程和信息资源目录的登记管理的学习，深入理解了数据资源目录和信息资源目录的区别和联系，掌握了信息资源目录管理的目录结构、管理内容、登记方法。

　　本任务的重点是学习信息资源目录及多种类型的信息资源的登记管理方法，难点在于理解数据资源和信息资源之间的关系，以及每一类信息资源的主要应用价值，可以通过反复练习逐步理解。

　　基于本任务的成果，我们完成了一套信息资源模型的创建，可以利用此信息资源模型数据实现数据的可视化分析，也为后续数据编排与处理的学习提供了模型支撑。

### 【实战练习】

#### 1. 笔答练习题

(1)信息资源目录和数据资源目录的区别是什么？

(2)主题域划分的核心作用是什么？

#### 2. 实操演练题

　　请根据本教材配套的《1＋X数据资产管理职业等级证书配套教材(初级)—数据字典及代码集》文档自行设计一个信息资源。

## 任务5：数据编排与处理

　　为解决集团数据之间的不一致、缺失、不规范等问题，需开展数据编排与处理工作，从数据资源、信息资源、代码表抽取数据到信息资源，并实现数据标准化。

### 【任务场景】

　　在完成信息资源"物流投资项目综合情况表"的登记之后，我们知道该表的数据来自集团投资项目管理系统中的投资项目信息表和物流板块项目管理系统的项目表，下面我们需要通过数据编排工作，将数据从两个来源表中加工提取至"物流投资项目综合情况表"。

### 【任务目标】

　　1. 了解数据编排的作用和价值。

　　2. 具备独立进行数据编排与处理的能力。

### 【知识准备】

#### 数据编排

　　数据编排是指在数据资源目录的基础上，为快速响应新的业务需求，根据业务要求对相关数据资源进行关联、过滤、计算、分组、汇总等编排处理，生成新的数据资源的过程。数据编排是一种软建模方式，支持实时计算和底层物理数据存储模式，因此可以快速构建新业务的数据模型体系，数据编排也能够替代ETL，作为数据仓库数据清洗、转换、计算的工具使用。

### 【业务操作】

#### 配置数据编排

扫码观看微课

　　平台支持新建一个或多个数据编排，实现从数据资源或代码表中抽取数据到信息资源的过程。

　　第一步：新建数据编排。

　　在信息资源中，选择"项目主题域-项目分析专题库-物流投资项目综合情况表"，单击"新建数据编排"，新建一个数据编排。

图 3-60　新建数据编排

小提示

系统说明：

编辑标题：修改数据编排标题。

执行：执行数据编排中的数据处理流程，将数据抽取到信息资源物理表。

编辑：编辑数据编排，默认为简单模式，只支持一个资源输入；可配置各种数据转换适配器，完成数据编排。适配器包括资源输入、资源输出、表关联、调整字段、分组统计、过滤、计算字段、排序、映射表。

第二步：选择输入资源。

在"新建数据编排"界面中单击"编辑"，选择输入资源"集团投资项目管理系统-投资项目信息表"，根据上一任务里设计的"物流投资项目综合情况表"的信息资源字段表勾选对应字段。

图 3-61　输入资源-投资项目信息表

图 3-62　输入资源-投资项目信息表(续图)

> **小提示**
>
> 系统说明：
> 返回：返回到数据编排管理界面。
> 保存：保存数据编排中适配器配置信息，操作过程中需要及时保存。
> 验证模型：检查数据编排流程中配置错误。

因本示例涉及多个输入，需要切换到高级模式，单击"切换到高级模式"进入高级模式编辑界面。

拖动"资源输入"适配器至流程编辑页面。选择数据资源中"物流板块项目管理系统-物流项目表"，同样根据上一任务里设计的"物流投资项目综合情况表"的信息资源字段表勾选对应字段。

因该物流项目表要与投资项目信息表通过字段"项目编号"发生关联，因此还需要勾选"项目编码"字段。

图 3-63　输入资源-物流项目表

第三步：添加"表关联"适配器。

拖动"表关联"至流程编辑页面，用连线将前两步创建的两个"资源输入"相关联。

图 3-64　添加表关联适配器

单击"表关联"，选择"内部关联"，左表投资项目信息表选择"项目"(XMBH)字段，右表物流项目表选择"项目代码"(STDCODE)字段，进行关联。

图 3-65　表关联配置

单击"配置输出"。

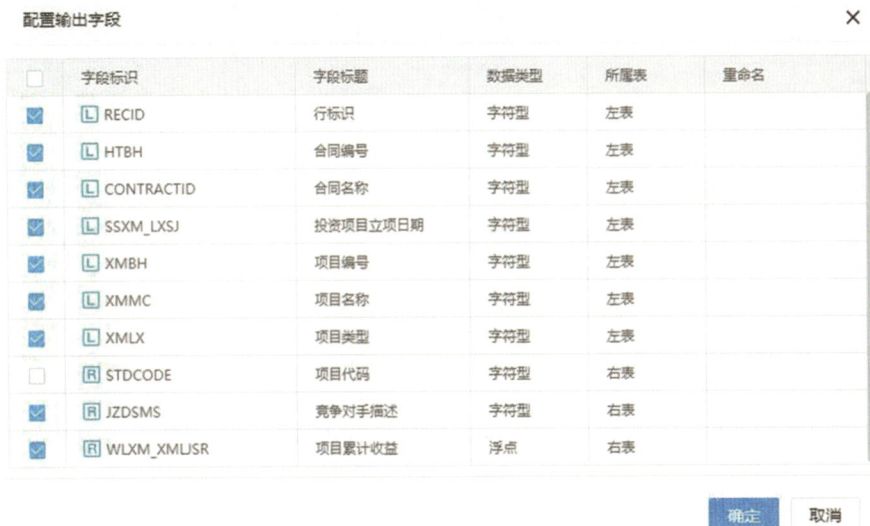

图 3-66　配置输出字段

第四步：配置"资源输出"适配器。

单击"资源输出"，配置属性，写入方式选择"清空目标后写入"，单击"自动映射"，字段会自动映射到输出目标表，若未自动映射，可以手工拖曳。

单击"执行(不写入目标库)"，执行数据编排流程，数据预览中检查各步骤数据，若执行失败，根据提示信息检查。

第五步：执行数据编排流程。

预览确认数据无误后，单击"执行(写入目标库)"，执行数据编排流程。将数据写入目标库，完成数据编排操作。

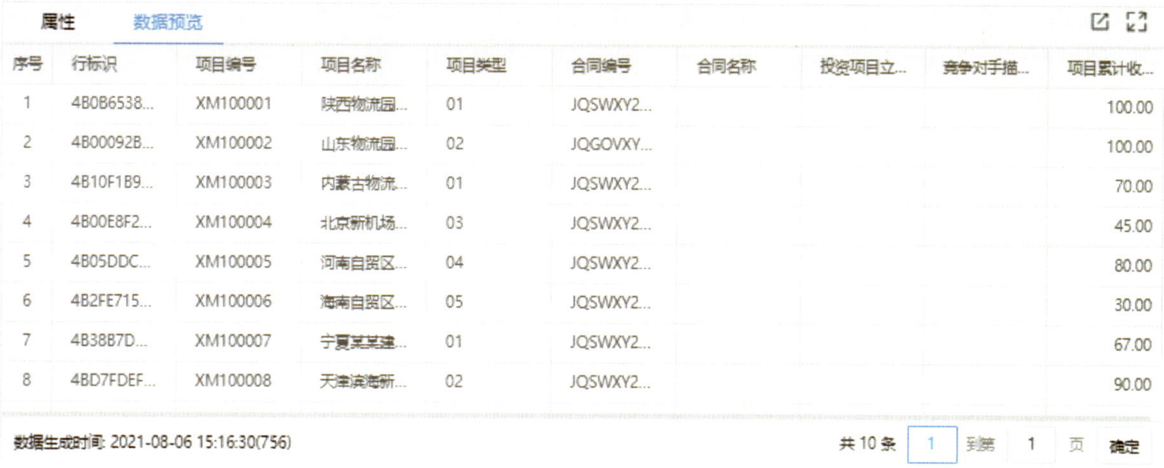

| 序号 | 行标识 | 项目编号 | 项目名称 | 项目类型 | 合同编号 | 合同名称 | 投资项目立... | 竞争对手描... | 项目累计收... |
|---|---|---|---|---|---|---|---|---|---|
| 1 | 4B0B6538... | XM100001 | 陕西物流园 | 01 | JQSWXY2... | | | | 100.00 |
| 2 | 4B00092B... | XM100002 | 山东物流园 | 02 | JQGOVXY... | | | | 100.00 |
| 3 | 4B10F1B9... | XM100003 | 内蒙古物流... | 01 | JQSWXY2... | | | | 70.00 |
| 4 | 4B00E8F2... | XM100004 | 北京新机场... | 03 | JQSWXY2... | | | | 45.00 |
| 5 | 4B05DDC... | XM100005 | 河南自贸区... | 04 | JQSWXY2... | | | | 80.00 |
| 6 | 4B2FE715... | XM100006 | 海南自贸区... | 05 | JQSWXY2... | | | | 30.00 |
| 7 | 4B38B7D... | XM100007 | 宁夏某某建... | 01 | JQSWXY2... | | | | 67.00 |
| 8 | 4BD7FDEF... | XM100008 | 天津滨海新... | 02 | JQSWXY2... | | | | 90.00 |

数据生成时间: 2021-08-06 15:16:30(756)　　　　共 10 条　1　到第　1　页　确定

图 3-67　执行数据编排流程(不写入目标库)

> **小提示**
>
> 系统还支持调度模式，来执行数据编排，在数据编排主界面单击"调度"按钮，可以看到不同的调度模式：
>
> 不调度：默认不调度，手动执行。
>
> 简单重复：设置在生效时间内每隔一段时间(秒、分钟、小时)重复执行。
>
> 周期：设置在生效日期范围内定期执行，如每天的 2 点、每周一的 2 点、每月 1 号的 12 点执行。
>
> 表达式：设置执行表达式(cron 表达式)，如"0 15 10 ？ * MON-FRI"表示周一到周五每天上午 10 时 15 分执行一次任务。

## 【任务总结】

通过本任务的学习，我们了解了数据编排的含义，以及数据编排工具的使用方法，借助工具的学习过程，理解了数据编排的作用以及数据资源与信息资源之间的关系。

本任务的重点是学习和理解数据编排工具，难点在于对数据编排工具各种适配器的灵活使用，可以通过反复场景化练习、课外学习 ETL 相关知识等方式来理解数据编排。

基于本任务的成果，我们完成了信息资源模型数据的加工，为后续信息资源模型的应用打下了基础。

## 【实战练习】

### 1. 笔答练习题

(1)数据编排的作用和价值是什么？

(2)数据编排包括_____、_____两种模式。

### 2. 实操练习题

(1)请结合本节任务中数据编排的示例,在此基础上利用数据编排适配器中的其他转换组件,进一步丰富该数据编排的流程。

(2)模拟本任务过程,自行设计一套数据编排流程。

## 任务 6:数据资产统计查询

在完成以上工作后,数据资产统计查询界面自动输出成果,可视化展示数据资源、信息资源登记结果,清晰化展示数据关联关系。

### 【任务场景】

经过数据管理小组互相配合协作,数据资源登记完成,数据管理小组组长通过资源浏览功能查看数据资源、信息资源登记情况。

### 【任务目标】

1. 掌握资源浏览及统计的功能使用方法。
2. 具备资源目录树重构的能力。

### 【业务操作】

扫码观看微课

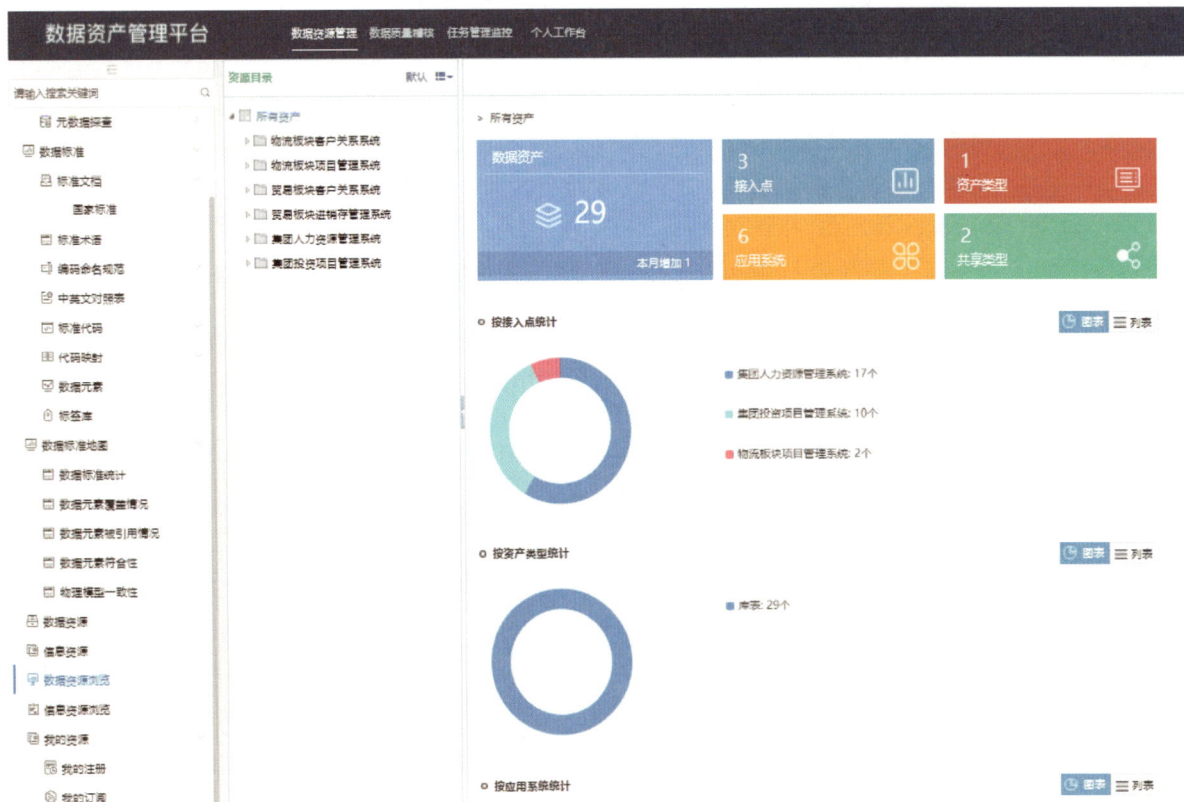

### 一、浏览资源目录

在左侧资产目录中,选中应用系统或目录节点,右侧区域显示数据资源的统计信息,包括数据资源、数据源、资产类型、应用系统、共享类型的个数。支持饼图、列表两种查看方式。

图 3-68　饼图查看方式

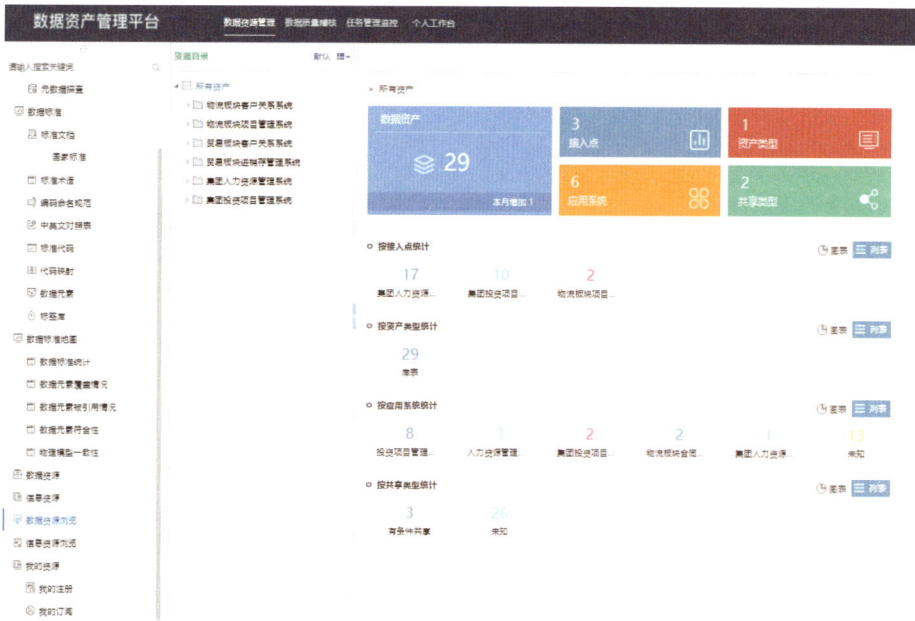

图 3-69　列表查看方式

## 二、浏览数据资源

选中投资项目信息表数据资源，查看基本属性、数据来源、共享开放字段属性、数据结构、数据图谱、参考数据等信息。

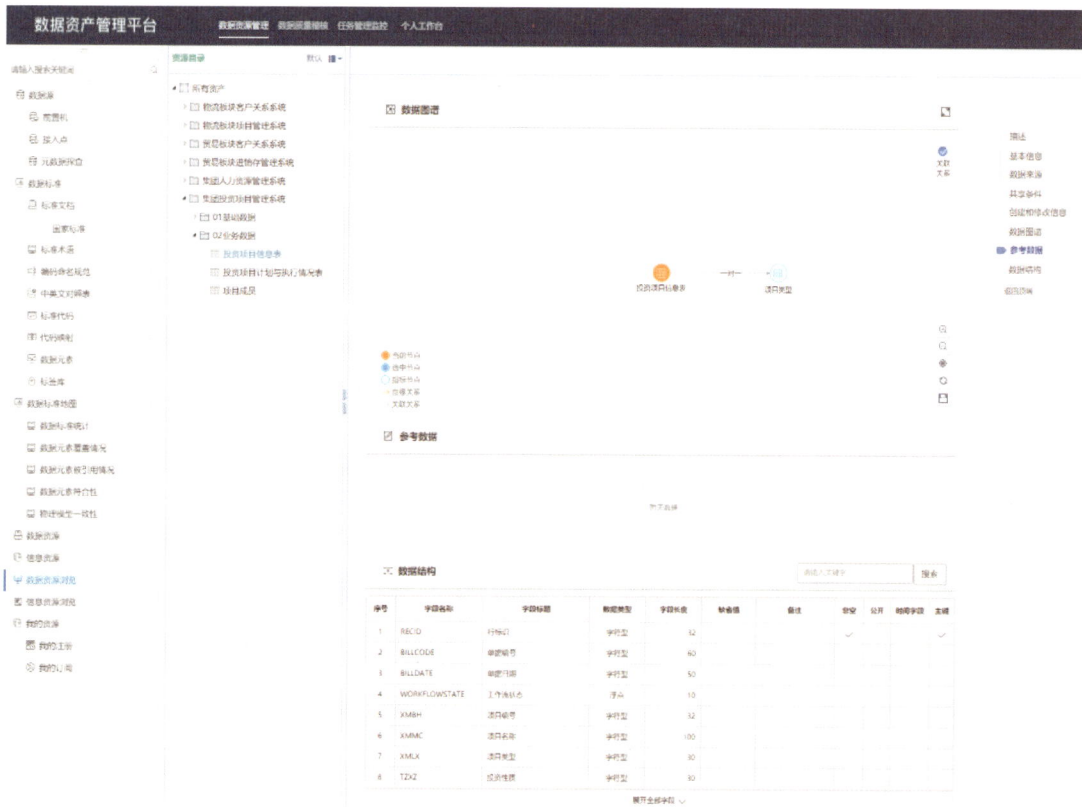

扫码观看微课

图 3-70　浏览数据资源

### 三、浏览信息资源

系统支持浏览库表、维度、Cube、指标方案、文件信息资源，其中库表信息资源浏览与库表数据资源浏览功能相同。

选中"物流投资项目综合情况表"，显示基本属性。

图 3-71　显示信息资源基本属性

## 【任务总结】

通过本任务的学习，我们了解了数据资产统计和查询的相关方法，掌握了数据资源浏览和信息资源浏览功能的使用方法。

本任务的重点是学习数据资源浏览功能的使用方法以及理解数据资源统计分析在实际数据资产管理工作中的作用，为后续的数据共享以及数据资源管理成果向集团领导的统计汇报做准备。

## 【实战练习】

### 笔答练习题

(1)数据资源浏览功能的作用和价值是什么？

(2)目录重构功能的作用是什么？

## 【能力训练】

数据资源的登记与管理是数据资产管理中的核心技术能力，本领域带领大家完成了数据资源登记与管理的全流程操作。根据集团公司目前信息化的情况，集团人力资源系统和集团投资项目管理系统在人员数据上存在一定的关联性，投资项目管理系统中的项目成员表中的人员信息来自人员信息表，而人员信息表中的人员来自集团人力资源管理系统的职员信息表中的数据。

请首先完成集团人力资源管理系统和集团投资项目管理系统的数据资源登记工作，然后根据上述的关联关系，设计出一个合理的"项目人员学历情况表"信息资源，能够查询和分析出每个项目中不同学历的人员清单。

## 工作领域四　数据稽核管理

### 【领域概述】

数据稽核管理(又称数据质量管控)是对整个数据生命周期过程中可能引发的各类数据质量问题,进行识别、度量、监控和预警的一系列管理活动,其目标是通过提高组织的管理水平使数据质量进一步提高。

本教材介绍的数据质量管控体系,是数据资产管理中的一个重要组成部分,它以数据的相关各方为管理主体,建立一套科学、简单、可执行的综合管理机制。在运营合规前提下,以实现数据增值和组织管理能力提升为目标。

"数据稽核管理"作为数据质量管控体系中技术支撑平台,提供数据质量检查与控制的数据稽核工具。该平台可以实现各种复杂数据稽核规则和处理逻辑的定义,标准化数据质量检查报告的自动生成,形成闭环的数据治理。通过对案例集团公司各应用系统中数据的稽核管理,实现数据完整性、一致性和合理性检查,将各项数据质量管控指标实施落地,最终提高数据质量。

本工作领域的具体工作:

1. 数据稽核规则梳理。

2. 数据稽核配置。

3. 任务管理和监控。

4. 稽核报告及待办处理。

### 【能力目标】

通过本工作领域的学习,能够掌握数据稽核管理的相关概念和管理流程,能够完成数据稽核配置的相关工作,具备数据质量管控的相关能力,达到胜任数据质量管理、数据运维管理岗位工作职责目标。

## 任务 1：数据稽核规则梳理

### 【任务场景】

需要进行数据治理的企业大多都面临一些问题,例如,多系统分散建设、功能重复建设;数据多头管理、职责分散、权责不清;系统间数据无法互联互通;业务流程严重割裂;缺少统一的元数据和主数据规范等,从而造成数据质量低下、数据可用性差等问题。

集团公司同样存在系统分别建设的情况，系统之间数据不互通、出现数据冗余存储、数据多处使用、术语和规则不同，造成数据不一致，导致内部使用混乱。

数据资产管理平台的数据稽核管理主要负责数据质量的管控，项目组中负责数据稽核的成员需要先初步了解数据质量管控体系，并进一步明确需管控的数据范围、标准以及管控规则，从而为后续数据稽核工作的开展做好准备。

## 【任务目标】

1. 掌握数据稽核规则需求调研结果梳理。
2. 掌握数据稽核模型需求调研结果梳理。

## 【知识准备】

稽核类型包括完整性稽核、一致性稽核和合理性稽核。

### 1. 完整性稽核

保证数据完整不缺失，传输和处理过程中无篡改、不失真，数据类型和值域范围符合规定。如空值稽核、值域范围稽核、数据类型和数据格式稽核、编码规范性稽核等。

### 2. 一致性稽核

确保数据内在结构一致，数据之间的关系保持一致，数据口径保持一致。如利润数据是否等于收入减去成本、主键唯一性稽核、主键与外键一致性稽核、总额和明细查验稽核。

### 3. 合理性稽核

异常业务数据检查，即有业务含义的检查；数据分布和数据趋势是否合理。如基于同比的幅度稽核、基于环比的幅度稽核、近 $N$ 期几何平均增长率稽核、自定义(基于脚本或存储过程)稽核规则。

## 【业务操作】

根据业务需求和数据质量要求梳理数据稽核规则，对数据进行完整性、一致性、合理性评估，并整理设计稽核模型，包括稽核对象、稽核方式、稽核规则、报告周期、数据范围、数据存储。最终形成《×××-数据稽核规则表》和《×××-数据稽核模拟表》。现采用梳理的集团人力资源管理系统、集团投资项目管理系统的稽核规则作为示例进行介绍。

### 1. 集团人力资源管理系统数据稽核规则梳理

(1)稽核规则如表 4-1 所示。

表 4-1　集团人力资源管理系统稽核规则表

| 序号 | 标题 | 规则描述 | 稽核类型 | 涉及系统/表 | 归属 |
|------|------|----------|----------|--------------|------|
| 1 | 必填项验证 | 系统底表中，必填项的校验 | 完整性 | 集团人力资源管理系统-职员信息表(MD_STAFF) | 系统规则 |
| 2 | 电话号码校验 | 系统底表中，电话号码校验 | 完整性 | 集团人力资源管理系统-职员信息表(MD_STAFF) | 系统规则 |
| 3 | 邮箱校验 | 系统底表中，邮箱有效性校验 | 完整性 | 集团人力资源管理系统-职员信息表(MD_STAFF) | 系统规则 |

续表

| 序号 | 标题 | 规则描述 | 稽核类型 | 涉及系统/表 | 归属 |
|---|---|---|---|---|---|
| 4 | 日期格式校验 | 系统底表中，日期字段格式校验 | 完整性 | 集团人力资源管理系统-职员信息表（MD_STAFF） | 系统规则 |
| 5 | 职员信息一致性校验 | 集团人力资源管理系统和集团投资项目管理系统的职员信息一致性检验 | 一致性 | 集团人力资源管理系统-职员信息表（MD_STAFF）、集团投资项目管理系统-职员信息表（XM_STAFF） | 稽核模型自定义规则 |

（2）稽核模型如表 4-2 所示。

表 4-2　集团人力资源管理系统稽核模型表

| 序号 | 目录/分组 | 稽核类型 | 模型基本信息 | 稽核对象 | 稽核规则 | 稽核报告周期 | 数据范围 |
|---|---|---|---|---|---|---|---|
| 1 | 集团人力资源管理系统稽核 | 完整性 | 描述：人力系统职员表基础规范校验<br>范式：二维表 | 二维表：基于集团人力资源管理系统-职员表（MD_STAFF）的 SQL 数据集<br>稽核对象：单位维度（部门 ID） | （1）必填项验（职员代码字段）<br>（2）电话号码校验（职员电话）<br>（3）邮箱校验（职员邮箱字段）<br>（4）日期校验（职员生日字段） | 月 | 全量数据 |
| 2 | 集团人力资源管理系统稽核 | 一致性 | 描述：集团人力资源管理系统和集团投资项目管理系统的职员信息一致性检验<br>范式：二维表-参照表 | 参照表：基于集团人力资源管理系统-职员信息表（MD_STAFF）的 SQL 数据集<br>二维表：基于集团投资项目管理系统-人员信息表（XM_STAFF）的 SQL 数据集<br>稽核对象：单位维度（部门 ID） | 根据人员主键行标识，校验集团投资项目管理系统的职员信息：<br>（1）职员代码<br>（2）职员姓名 | 月 | 全量数据 |

## 2. 集团投资项目管理系统数据稽核规则梳理

（1）稽核规则如表 4-3 所示。

表 4-3　集团投资项目管理系统稽核规则表

| 序号 | 标题 | 规则描述 | 稽核类型 | 涉及系统/表 | 归属 |
|---|---|---|---|---|---|
| 1 | 必填项验证 | 系统底表中，必填项的校验 | 完整性 | 集团投资项目管理系统-投资项目信息表（XM_SQD） | 系统规则 |
| 2 | 字典校验 | 系统底表中，字段是否符合字典中枚举型校验 | 完整性 | 集团投资项目管理系统-投资项目信息表（XM_SQD） | 系统规则 |
| 3 | 项目一致性校验 | 集团投资项目和物流板块项目一致性校验 | 一致性 | 集团投资项目管理系统-投资项目信息表（XM_SQD）、物流板块项目管理系统-项目表（WLBK_XM） | 稽核模型自定义规则 |

(2)稽核模型如表 4-4 所示。

表 4-4　集团投资项目管理系统稽核模型表

| 序号 | 目录/分组 | 稽核类型 | 模型基本信息 | 稽核对象 | 稽核规则 | 稽核报告周期 | 数据范围 |
|---|---|---|---|---|---|---|---|
| 1 | 集团投资项目管理系统稽核 | 完整性 | 描述：项目系统项目基础规范校验<br>范式：二维表 | 二维表：基于集团投资项目管理系统-投资项目信息表(XM_SQD)的 SQL 数据集<br>稽核对象：固定单位 | (1)必填项验证(销售负责人)<br>(2)字典校验(合同是否存档)<br>(3)日期格式校验(实施进场时间) | 月 | 全量数据 |
| 2 | 集团投资项目管理系统稽核 | 一致性 | 描述：集团投资项目和物流板块项目准确性校验<br>范式：二维表-参照表 | 参照表：基于集团投资项目管理系统-投资项目信息表(XM_SQD)的 SQL 数据集<br>二维表：物流板块项目管理系统-项目表(WLBK_XM)的 SQL 数据集<br>稽核对象：固定单位 | 相同项目编码的项目，判断物流板块的项目是否和集团投资项目管理系统中的项目名称一致 | 月 | 全量数据 |

## 【任务总结】

通过本任务的学习，我们初步掌握了数据稽核管理的意义和三类数据稽核的场景，学会了如何进行数据稽核规则和模型梳理工作，并完成了《××××数据稽核规则表》和《××××数据稽核模型表》设计和整理。

本任务的重点是掌握数据稽核规则和模型梳理的方法和工具，难点是在梳理过程中有些数据逻辑关系需要深入分析，这种情况下需要通过底层数据库的表结构来分析，必要时可以获取被稽核系统建设单位的技术支持。

基于本任务的成果，我们对该集团公司系统的数据稽核规则、稽核模型梳理有了初步的了解，这些成果为后续数据稽核配置工作奠定了基础。

## 【实战练习】

(1)稽核类型一般包括_____、_____、_____。

(2)稽核规则调研过程中，需要调研稽核数据所在的应用系统即可，无须调研数据的内在逻辑关系或处理逻辑。请判断以上说法是否正确？

# 任务 2：数据稽核配置

## 【任务场景】

在上一任务中，项目组完成了对集团公司的数据稽核规则、稽核模型等需求的调研和梳理，接下来需要在数据资产管理平台的数据稽核管理中按照整理结果进行数据范围定义、稽核规则和稽核模型的配置工作，从而促进数据质量管理工作的实施。

## 【任务目标】

1. 能够根据数据稽核需求，正确使用系统内置的稽核规则；新建稽核规则，正确设置规则参数；编写公式实现稽核规则。

2. 能够根据数据稽核方案，使用查询数据集，构建稽核数据集；选择合适的稽核数据集类型，构建稽核数据集；使用简单 SQL 语句，构建稽核数据集。

3. 能够根据稽核方案文档和调研结果，独立配置稽核模型，设置稽核对象、稽核方式、稽核规则、报告周期、数据范围、数据存储和稽核日志级别等。

## 【知识准备】

### 1. 稽核规则库

稽核规则库对数据质量检查规则进行统一配置和管理，是根据所梳理的各类数据稽核策略，对数据的完整性、一致性、合理性进行稽核的规则体系。利用系统内置的语义化(公式化)的方式描述稽核规则，无须编写 SQL；系统内置了常用的数据质量稽核规则。

### 2. 稽核数据集

稽核数据集是对所要进行数据质量校验的数据对象的构建，利用模型选择或者 SQL 查询的方式，构建所需要检查的数据内容。因很多数据质量稽核的场景并非是单表稽核，而是需要将多个表进行关联后再进行复杂的质量检查，所以需要利用数据集对所需检查的数据表进行二次处理。稽核数据集主要分为五种：SQL 数据集、查询数据集、Cube 数据集、指标数据集和 Excel 数据集。

### 3. 稽核模型

稽核模型是从行业的业务规则出发，基于业务数据的内在结构及数据间的关系制定的一套数据核查规则，实现对业务数据的完整性、准确性、合理性等方面的检查与评估，从而发现数据存在的问题，预估业务潜在的风险。在稽核模型中可配置内容包括基本信息、范式、稽核数据集、稽核对象、稽核规则、报告周期、数据范围、数据存储、稽核日志级别等，可以手工或按计划任务执行模型中对象数据的稽核，存储稽核结果信息。

### 4. 稽核对象

稽核对象是数据稽核对数据进行切片处理的依据。稽核模型将根据稽核对象对数据分组后，对每组数据单独进行稽核，稽核对象的作用是将稽核数据按照所选维度的维成员进行排列组合，一个组合为一个对象，稽核时以一个对象的数据为分组进行稽核，所有的规则处理都在一组对象内进行。

### 5. 稽核周期

稽核周期包括稽核报告周期和数据范围模式。

(1)稽核报告周期：选择对数据集进行切片的周期，周期大于等于数据粒度，用于数据范围取值确定以及稽核报告周期结果查询。一般有六种，即年、半年、季度、月、旬、日。

(2)数据范围模式：包括增量、累计增量、全量和自定义四种类型。

## 【业务操作】

### 一、稽核规则库配置

本任务主要介绍在系统规则库中如何正确使用系统内置稽核规则，新建系统规则，并正确设置规则参数，利用系统内置的公式引擎编写稽核公式等。

扫码观看微课

系统规则库中内置有常用的稽核规则，同时也支持用户自行创建。配置稽核模型时可以直接引用系统规则，从而在不同稽核模型使用相同规则时节省重新编写公式的时间。

#### 1. 自定义稽核规则

第一步：选中"稽核规则库"节点，在右侧功能区中，单击工具栏中的"新建规则"，也可以在左侧选择需要放置的文件夹后，在右侧再单击"新建"。已经建立好的稽核规则也可以单击工具栏中的"移动"进行所属文件夹调整。

图 4-1　新建稽核规则

第二步：在新建规则界面填写相关信息，单击"保存"。

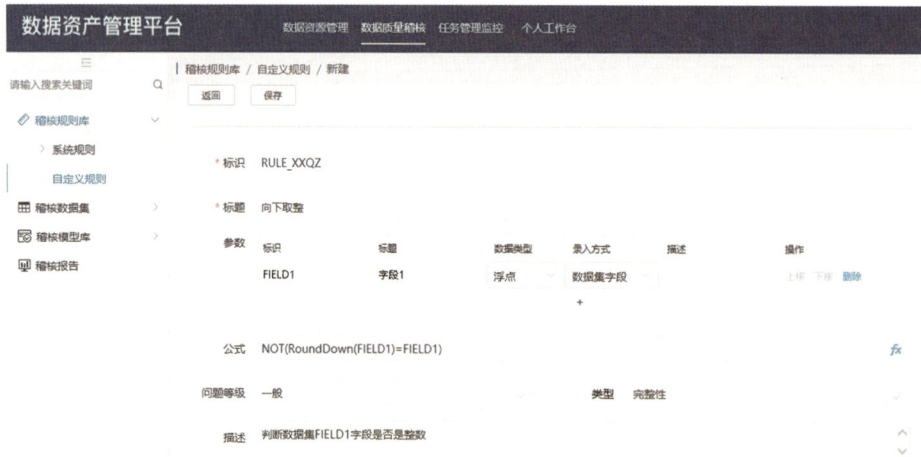

图 4-2　填写规则信息

标识：系统规则的唯一标识。

标题：系统规则的标题信息。

参数：稽核规则中需要用到的参数字段。

数据类型：包括字符串、日期、整型、浮点、布尔和任意类型。

录入方式：包括数据集字段、录入常量和枚举列表，其中枚举列表需要在操作中填写枚举值。

公式：稽核规则的公式，单击"fx"，根据公式介绍，选择公式。

第三步：保存返回后，可以对新增的稽核规则进行管理，包括编辑、删除和移动等。

图 4-3　稽核规则管理

## 2．内置系统规则

数据稽核内置的系统规则可以移动，不能删除，稽核模型引用规则时可以根据规则描述进行配置。

图 4-4　数据稽核内置系统规则

内置规则具体描述如表 4-5 所示。

表 4-5　内置规则具体描述

| 内置规则 | 描述 | 参数 |
|---|---|---|
| 必填项验证 | 找出任意类型字段{FIELD}为空的记录 | FIELD：数据集字段 |
| 长度限制 | 找出字符串{FIELD}长度超长的记录项，按照字节数进行比较，一个汉字是 2 个字节 | FIELD：数据集字段<br>MAXLENGTH：最大长度<br>ENCODING：字符编码 |
| 电话号码校验 | 找出字符串{PHONENUM}不符合电话号码的记录项，可以是手机号或者是固定电话 | PHONENUM：数据集字段 |
| 企业信用代码校验 | 找出字符串{CREDIT_CODE}不符合企业信用代码格式的记录项 | CREDIT_CODE：数据集字段 |

续表

| 内置规则 | 描述 | 参数 |
|---|---|---|
| 全角字符检查 | 找出字符串{FIELD}中包含有全角字符的记录项 | FIELD：数据集字段 |
| 日期格式校验 | 找出字符串{FIELD}不满足日期格式的记录 | FIELD：数据集字段<br>PATTERN：格式字符串，如果不填，可尝试用 yyyyMMdd、yyyy-MM-dd、yyyy/MM/dd 格式验证 |
| 日期时间格式校验 | 找出字符串{FIELD}不满足日期时间格式的记录 | FIELD：数据集字段<br>PATTERN：格式字符串，如果不填，可尝试用 yyyy-MM-dd HH：mm：ss 格式验证 |
| 身份证号码校验 | 找出字符串{ID}不满足身份证号码格式的记录项 | ID：数据集字段 |
| 数值范围校验 | 找出浮点{FIELD}不在给定范围内的记录 | FIELD：数据集字段<br>MINVALUE：最小值（包含）<br>MAXVALUE：最大值（包含） |
| 数值校验 | 找出字符串{FIELD}不是数值的记录项 | FIELD：数据集字段 |
| 特殊字符检查 | 找出字符串{FIELD}中包含有特殊字符的记录项 | FIELD：数据集字段<br>CHARS：特殊字符 |
| 唯一性检查 | 找出任意类型{FIELD}有重复记录的数据，该规则适用于按稽核对象汇总稽核 | FIELD：数据集字段 |
| 邮箱校验 | 找出字符串{EMAIL}不符合电子邮箱格式的记录 | EMAIL：数据集字段 |
| 整数校验 | 找出字符串{FIELD}不是整数的记录项 | FIELD：数据集字段 |
| 字典校验 | 找出{VERIFYFIELD}不在字典表内的记录，该规则适用二维表—参照表模式，字典表即为参照表 | VERIFYFIELD：需要验证的数据集字段<br>DICTFIELD：字典表字段 |

注意：在后面建立稽核模型、配置稽核规则时，稽核规则可以引用稽核规则库中的规则，也可以在模型中自定义规则。但是在模型中自定义的规则只能为模型使用。

图 4-5　稽核模型中引用和自定义规则

## 二、稽核数据集配置

本任务主要介绍如何构建稽核数据集，如何选择适合不同场景需求的多种数据集类型，重点介绍 SQL 数据集的创建和配置过程。

扫码观看微课

### 1. 数据集类型

数据稽核模型的建立依赖于稽核数据集，需要先明确数据模型需要使用的稽核数据集类型，包括 SQL 数据集、查询数据集、Cube 数据集、指标数据集和 Excel 数据集，再通过稽核模型选择该数据集并进行稽核。根据不同需求场景选择不同的数据集类型，创建过程基本相似，主要取决于不同的数据来源。

在数据集分组内，单击工具栏中的"新建数据集"按钮，在下拉列表中选择"SQL 数据集"，弹出新建 SQL 数据集窗口，在窗口中输入数据集标识、标题，选择关联数据源，单击"确定"按钮即可新建 SQL 数据集。

图 4-6 SQL 数据集

图 4-7 新建数据集

SQL 数据集：编写 SQL 语句，查询底层物理表，构建数据质量稽核的对象；主要基于数据库物理表、视图等，通过 SQL 查询语句获得的查询数据结果。

查询数据集：利用拖曳业务方案的方式，构建数据质量稽核的对象；主要适用于通过平台中现有查询工具获得的查询数据结果。

Cube 数据集：选择 Cube 模型(数据模型)，构建数据质量稽核的对象；主要基于平台中现有 Cube 模型获得的查询数据结果。

指标数据集：选择指标模型，构建数据质量稽核的对象；适用于数据来自平台中指标方案，通过创建指标数据集获得数据结果。

Excel 数据集：选择线下的 Excel 数据，上传构建数据质量稽核的对象。

单击数据集表格行的"编辑"按钮，进入数据集定义页签。

图 4-8　编辑数据集

### 2. 数据集 SQL 定义

可以通过右键复制粘贴功能将 SQL 粘贴到 SQL 编辑区，也可以在右下侧导航树通过拖曳表、字段形式编写 SQL。

图 4-9　定义数据集

"SQL 定义"右上侧为关联参数，可以单击"选择公共参数"或"新建私有参数"。在数据集定义时，选择关联参数，数据集根据切换参数的值实时到数据库取数，可以大大提高数据集的查询效率。

图 4-10　关联参数

使用参数的字段不能在计算字段中出现，如参数为时期，计算字段中有时期数、同比增长率等，这些有关时间的计算字段会查不出数据，所以在使用参数时要跟实际业务场景紧密联系起来。

关联参数不是数据集必选配置项，需根据实际业务场景决定是否关联参数。例如前文示例图中"HR001_职员基础数据"稽核需求，其数据集无需关联参数。

### 3. 字段属性

SQL 正确执行后，选择"字段属性"页签编辑字段的属性。

图 4-11　字段属性

刷新字段后，程序默认将数值类型的字段设置为度量，字符串设置为普通维度，点击"刷新字段"按钮后，程序默认为各字段匹配属性，例如将数值类型的字段类型设置为度量、字符串设置为普通维度等。当不能满足实际需要时，可以手动调整字段属性的设置，在列表上选择字段的各属性后直接编辑。

> **小提示**　稽核数据集字段属性中根据实际需要配置时期维度或单位维度，也可以不配置。若配置，时期维度将作为稽核模型数据粒度及取数周期的依据，单位维度将成为稽核模型中的稽核对象。

### 4. 层级关系

数据集内的字段，可以建立层级关系，层级类型包括父子层级和编码层级，并需选择编码字段以及父级编码字段。

图 4-12　层级

> **小提示**　层级不是数据集必选配置项，需根据实际业务场景决定是否建立层级。例如调研结果示例图中"HR001_职员基础数据"稽核需求，其数据集无须建立层级。

### 5. 计算字段

选择"计算字段"页签，可以定义计算字段，计算字段支持四则计算表达式、同比增长率、占比、表达式中引用参数等复杂运算。

图 4-13　计算字段

> **小提示**　计算字段不是数据集必选配置项，需根据实际业务场景决定是否建立计算字段。例如调研结果示例图中"HR001_职员基础数据"稽核需求，其数据集无须建立计算字段。

## 6. 数据预览

以上数据集的所有配置完成后，单击"数据预览"页签，可以进行数据预览。

图 4-14　数据预览

## 三、稽核模型配置

本任务主要介绍稽核模型的创建，包括配置稽核对象、稽核方式、稽核规则、报告周期、数据范围、数据存储和稽核日志级别等内容。

在稽核模型分组内，单击工具栏中的"新建稽核模型"按钮新建稽核模型。

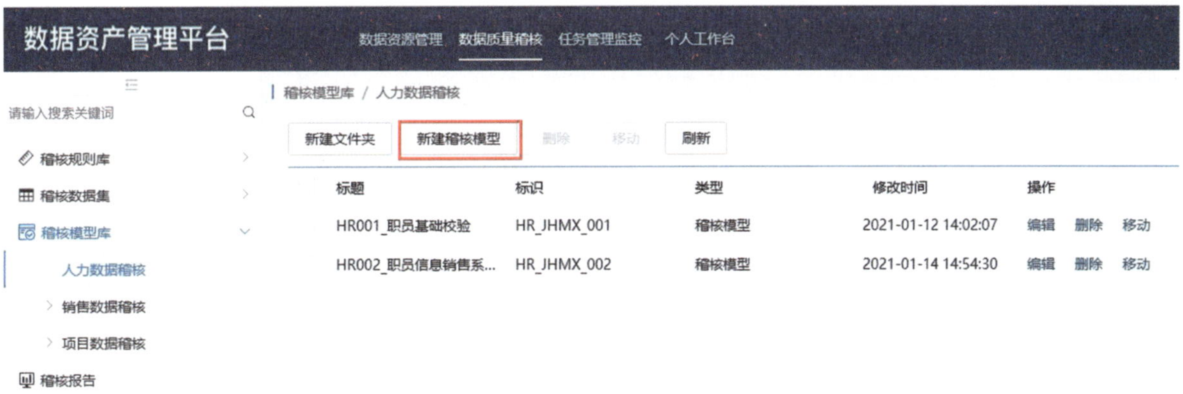

扫码观看微课

图 4-15　新建稽核模型

在打开的稽核模型中完成以下配置工作。

## 1. 稽核范式

在稽核基本信息中填写标识、标题、范式和描述。其中，范式包括二维表范式和二维表－参照表范式。

二维表范式是指通过对单一数据集进行规则配置，对数据进行稽核及结果分发。

二维表－参照表范式是指模型中存在稽核表和参照表，通过稽核规则，使用参照表对稽核表中的数据进行稽核运算。此模式一般情况是假设参照表的数据为正确数据，找出稽核二维表中的问题数据。该范式常用的场景如下。

(1)主从表稽核(二维表为从表，参照表为主表)。例如一致性稽核，总额－明细查验稽核，即主表总量和明细表汇总结果对比。

(2)明细表比对(二维表为明细表,参照表为明细表)。稽核对象可以设置单位维度,同时还可以将二维表主键关联参照表主键,提高稽核效率。例如两个系统中人员信息表明细数据的一致性比对稽核。

### 2. 稽核对象

第一步:若范式选择二维表范式,则在稽核对象的"二维表"下拉选择框中选择已配置好的数据集作为稽核表。

图 4-16 选择已配置好的数据集

第二步:配置稽核对象。若所选数据集中已设置单位维度及相应键列和名称列,则在稽核模型此处单击"稽核对象",弹出框中默认已选择稽核对象,可直接关联维度表。

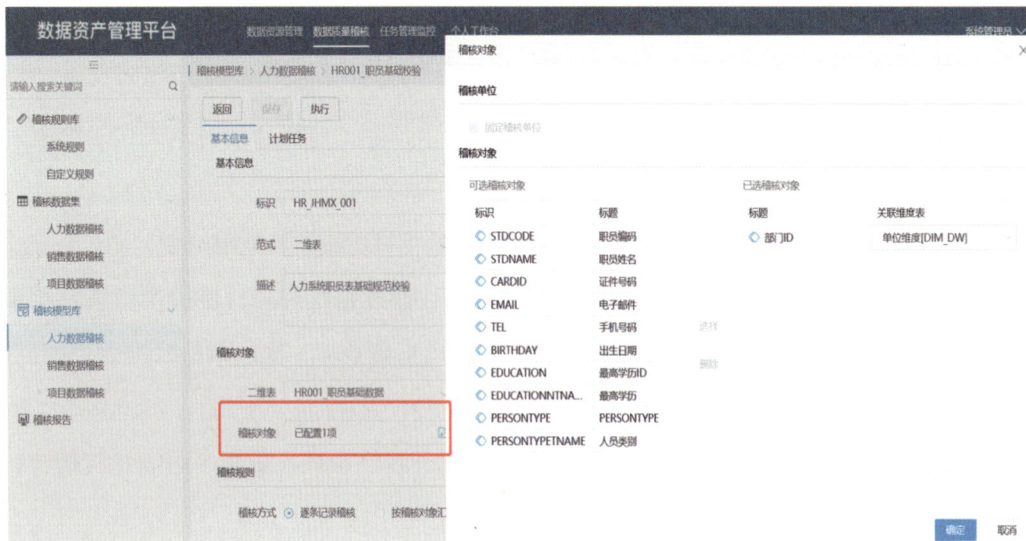

图 4-17 稽核对象关联维度

　　若所选数据集中未设置单位维度，则在稽核模型此处点击"稽核对象"，弹出框中可以选择对象或使用固定稽核单位，如使用固定稽核单位需要为其选择具体某维度的维成员。

　　第三步：若稽核对象使用固定稽核单位，则所选数据集不用设置单位维度，但在稽核对象中要选择具体的某维度成员。

图 4-18　稽核对象选择固定单位

### 3. 稽核规则

(1)稽核执行方式分为逐条记录稽核和按稽核对象汇总稽核。

　　逐条记录稽核是对相应周期内每个稽核对象的数据逐条按照规则进行稽核，所有函数及规则对单条记录起作用。稽核对象汇总稽核是对相应周期内每个稽核对象的数据根据规则进行汇总，再按照稽核规则进行处理。

(2)稽核规则分为自定义规则和引用规则。

①自定义规则

单击"自定义规则"，打开自定义规则配置窗口，填写公式表达式。

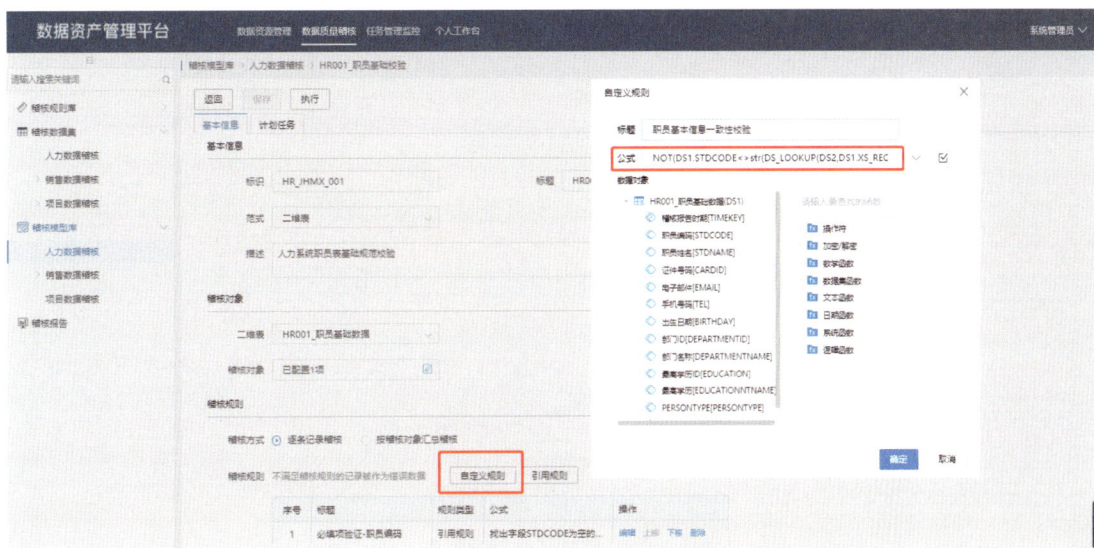

图 4-19　自定义规则

②引用规则

第一步：单击"引用规则"，打开引用规则窗口。

图 4-20　引用规则

第二步：单击"选择规则"，可以预览系统规则库中所有内置规则以及规则库中的自定义规则。

图 4-21　选择规则

第三步：确定所需的系统规则后，配置规则参数的取值，完成后单击"确定"。

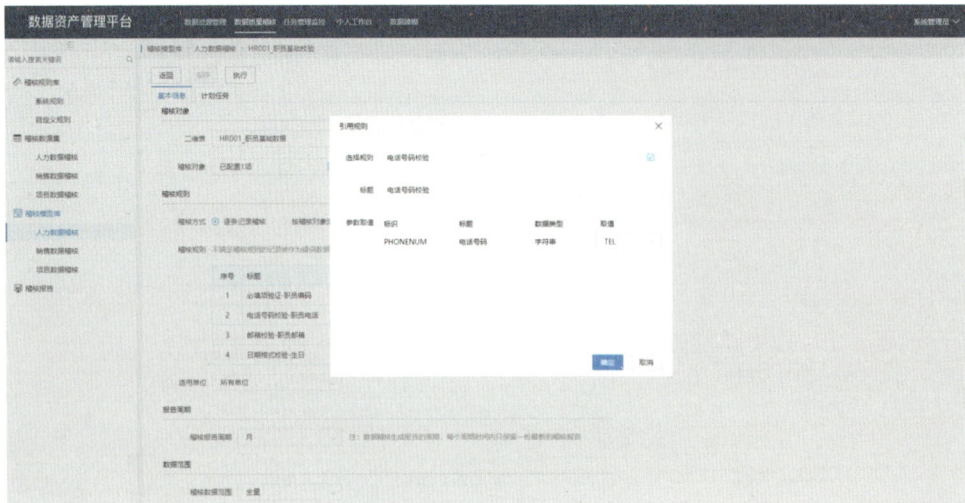

图 4-22　配置规则参数取值

(3)适用单位。适用单位可选择"所有单位""指定单位"或"按表达式过滤"。

所有单位是对稽核数据集中的所有单位进行稽核。

图 4-23　选定所有单位稽核

指定单位是通过选择框选定需要进行稽核的单位。

图 4-24　选定稽核单位

按表达式过滤是在公式编辑器中输入公式，过滤出需要稽核的单位。

图 4-25　过滤稽核单位

### 4. 稽核周期

(1)稽核报告周期。选择对数据集进行切片的周期，周期大于等于数据粒度。稽核周期用于数据范围取值以及稽核报告周期结果查询。

图 4-26　稽核报告周期

(2)数据范围模式。数据范围模式包括增量、累计增量、全量、自定义四种类型。

若稽核数据范围选择"增量"，则稽核数据的开始时间根据稽核报告周期进行选择，例如报告周期为"月份"，开始时间可以选择为"当前月份或者上一月份"的第 $n$ 日开始，到下一个月的第 $n-1$ 日结束，稽核数据的取数范围为 1 个月。

图 4-27　增量模式

若稽核数据范围选择"累计增量"，则稽核数据的时间范围根据稽核报告周期进行选择，例如报告周期为"月份"，时间范围可以选择为"本月/本季/本年以来"，如选择"本月以来"，稽核数据范围是从本月 1 日到当前时间。

图 4-28　累计增量模式

若稽核数据范围选择"全量"，则稽核数据的取数范围是所选数据集查询出的所有数据。

图 4-29    全量模式

若稽核数据范围选择"自定义"，则需要自定义取数条件，同时可以编写数据范围描述说明。

图 4-30    自定义模式

> 数据稽核生成报告周期，每个周期时间内只保留一份最新的稽核报告。若选择的稽核数据集未设置时间维度，则数据范围只能选择"全量"或"自定义"。

### 5. 数据存储

第一步：勾选"存储错误明细数据"。在错误明细表文本框中输入明细存储表的名并单击"创建数据库表"，可以预览存储表的所有字段和类型，存储表的表结构主要取自稽核数据集，单击"确定"即可创建。

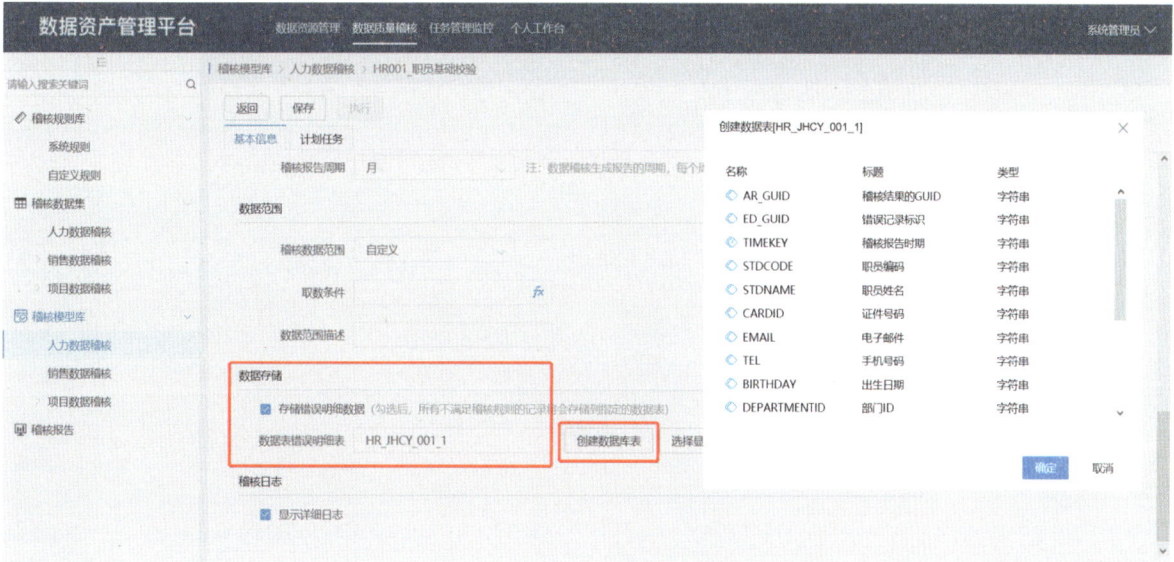

图 4-31　存储错误明细数据

第二步：选择显示字段。错误明细存储表创建完成后单击"选择显示字段"，弹出输出表设置框，选择稽核数据表中的字段到已选字段中，用于稽核报告查询界面展现；不选择则默认显示稽核数据集的全部字段。

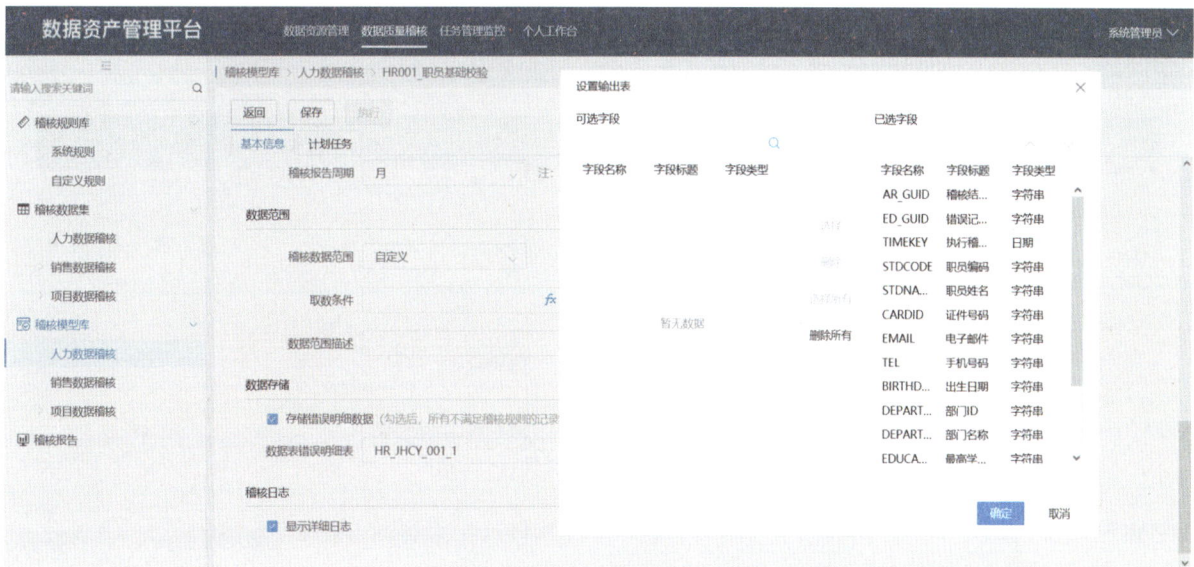

图 4-32　选择显示字段

## 6. 稽核日志级别

稽核执行情况可以通过计划任务或任务监控中的日志进行查看，此处进行显示日志详细级别的设置。

图 4-33　稽核日志级别

## 四、稽核模型执行

本任务主要介绍稽核模型的执行，包括直接执行和计划执行两种方式。

### 1. 直接执行

稽核执行可直接在稽核模型中执行。执行时需要设置稽核时期，时期粒度与报告周期相同。

扫码观看微课

图 4-34　稽核执行（1）

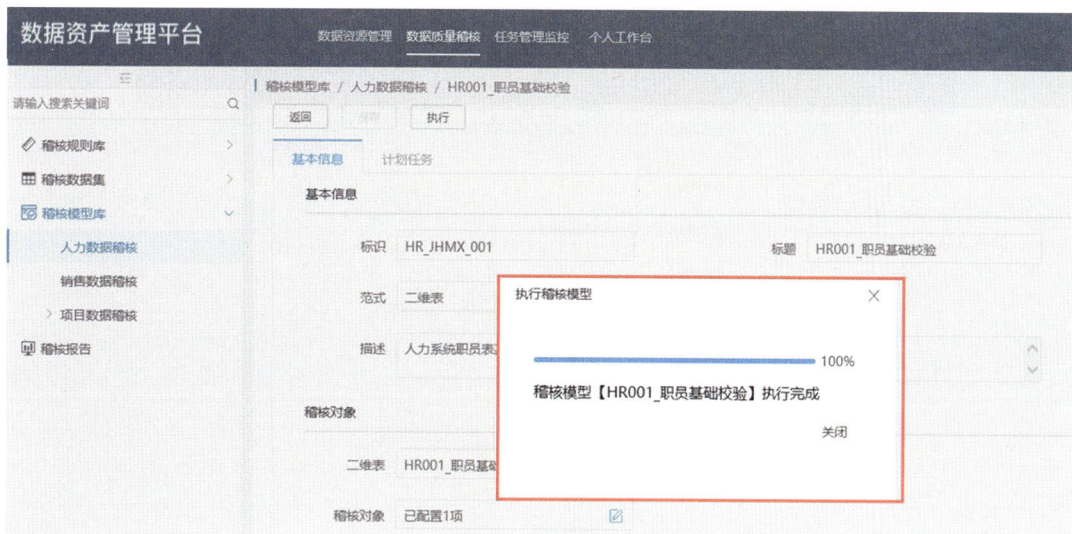

图 4-35　稽核执行(2)

## 2. 计划执行

第一步：在稽核模型库的具体稽核模型中选择"计划任务"页签新建稽核计划任务，默认关联当前稽核模型。

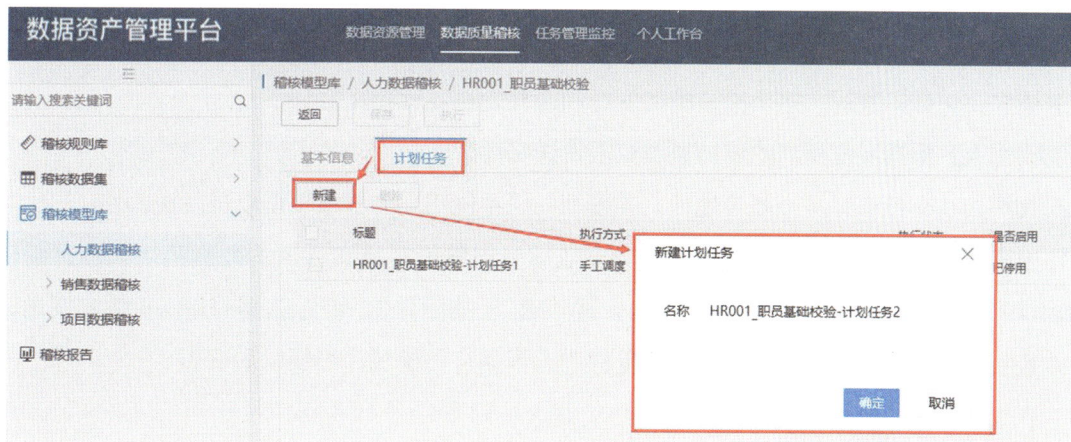

图 4-36　新建计划任务

第二步：在稽核模型"计划任务"页签的任务列表中单击"编辑"。

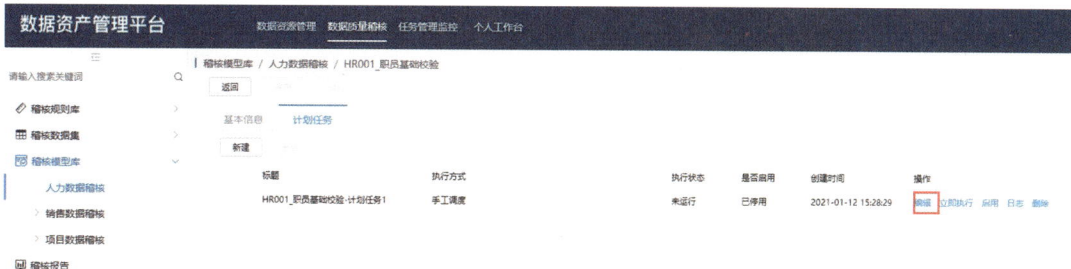

图 4-37　编辑任务

第三步：计划任务分为基本信息、邮件配置、个人待办和调度，可根据需求配置相关内容。

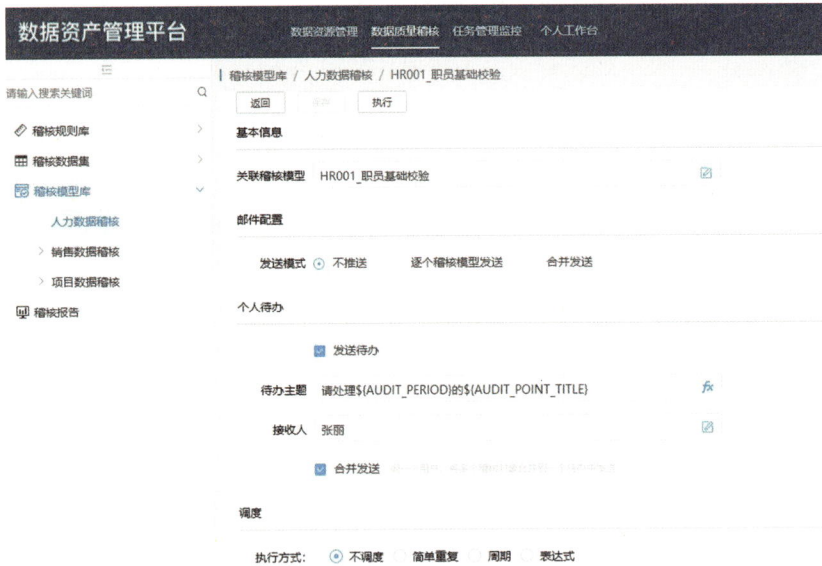

图 4-38 配置任务

(1)基本信息

关联稽核模型，可关联多个稽核模型。

(2)邮件配置

发送模式：包括不推送、逐个稽核模型发送和合并发送三种模式。

系统收件人：根据系统用户的稽核模型权限发送邮件。

外部收件人：支持填写多个邮箱地址，并根据关联系统用户的稽核模型权限发送邮件。

邮件内容：邮件主题和内容支持利用函数、数据中的常量字段和添加的数据集字段进行编辑；勾选"发送附件"，错误数据将以 xlsx 格式发送，再勾选"压缩附件"，错误数据将以 zip 格式发送；单击"预览"，查看邮件主题和邮件内容，常用的邮件内容可保存为模板，方便以后使用。

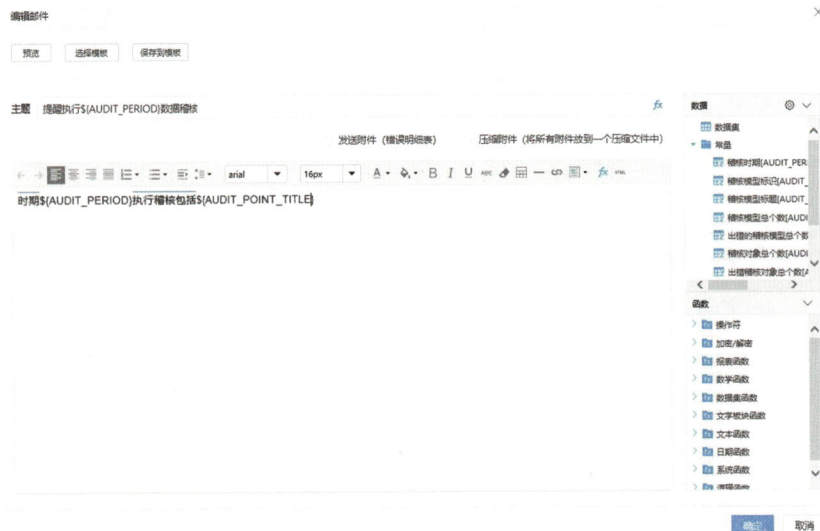

图 4-39 邮件模板

发送邮件时，邮件内容不能为空；执行发送邮件操作前，需进行邮箱设置，在系统管理—系统选项中进行 SMTP 服务器设置。

图 4-40　邮箱设置

（3）个人待办

待办主题：可手动添加或结合公式编辑。

接收人：根据系统用户的稽核模型权限，选择接收人，发送待办。

合并发送：勾选后，同一用户下多个稽核对象合并到一个待办中发送。

（4）调度

不调度：不会自动调度执行。

简单重复：在生效时间内调度一次计划任务。若勾选"重复执行"，可根据配置选择在生效范围内每隔 $n$ 秒/分钟/小时执行一次。

周期：在生效范围内，每天/每周/每月的具体时间执行。

表达式：在生效范围内，根据 cron 表达式执行。

第四步：立即执行。立即执行计划任务有两种方式。

（1）方式一：单击任务列表中操作的"立即执行"。

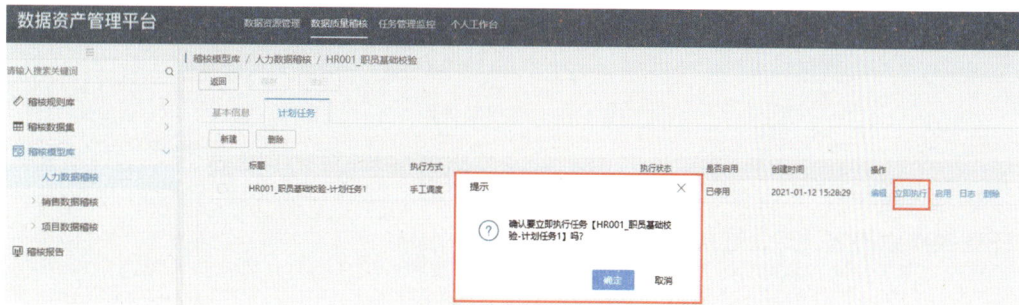

图 4-41　立即执行

此时图 4-41 中的"执行"按钮，是稽核模型的执行，不是任务的执行。如果执行任务，要单击图中任务操作中的"立即执行"。

（2）方式二：在计划任务的编辑界面，单击"执行"。

图 4-42　编辑界面执行

第五步：启用和停用。

启用表示按照该任务设置的时间以及内容按时自动执行。停用表示不按照计划任务中配置内容自动执行。单击任务列表中的"停用"，出现"停用成功"提示，"是否启用"变为"已停用"，反之启用任务。

图 4-43　启用和停用

第六步：日志监控。

单击任务操作中的"日志"，进入任务执行日志列表。

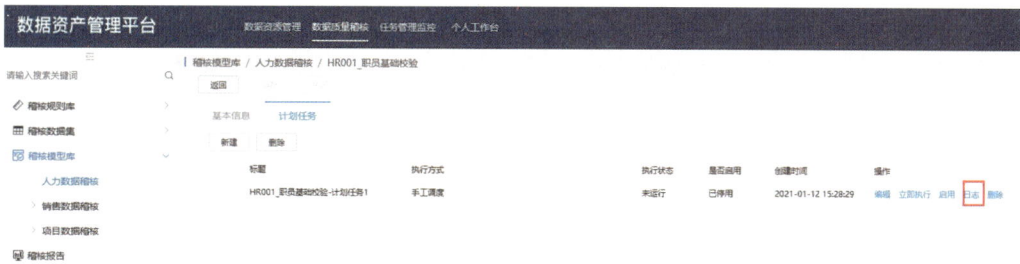

图 4-44 进入任务执行日志列表

查看该任务执行日志信息。

图 4-45 查看该任务执行日志信息

单击"查看详细日志",查看单次执行的任务详细日志。

图 4-46 查看详细日志

单击"子任务",可继续查看关联的稽核模型运行状态和日志。

图 4-47　查看关联的稽核模型运行状态和日志

## 【任务总结】

通过本任务的学习，我们初步掌握了稽核规则库、稽核 SQL 数据集、稽核模型、稽核对象和稽核周期的基本概念，并在掌握这些概念的基础上，学会了如何进行数据稽核的配置工作。

本任务的重点是掌握数据稽核配置的方法和工具，难点是在配置过程中选择适合的范式、建立适合的稽核规则和数据集，这种情况下需要结合三类稽核类型(完整性稽核、一致性稽核和合理性稽核)适合的不同场景来分析。

基于本任务的学习成果，我们对该集团公司系统的数据稽核配置工作有了整体了解，这些成果为后续稽核执行和监控等工作奠定了基础。

## 【实战练习】

### 1. 笔答练习题

(1)在一个稽核模型中只能建立或使用一个稽核规则吗？

(2)在新建稽核模型时，是否可以引用系统规则？

(3)稽核模型中有几种常见范式？请简述其适用的场景。

(4)常见的稽核数据集包括哪几种？

### 2. 实操练习题

请根据本工作领域任务 1 中数据质量规则调研整理结果示例(或者根据自行整理的调研结果)，完成以下配置工作，请将作业结果截图提交至实训平台。

(1)建立至少 1 个稽核系统规则并配置完成(新建的系统规则不与现有的内置系统规则重复)。

(2)建立至少 1 个稽核 SQL 数据集并配置完成。

(3)使用以上作业中建立的稽核规则、数据集，建立至少 1 个稽核模型并配置完成。

(4)手动执行以上建立的稽核模型。

(5)根据下表要求为以上稽核模型，建立至少 1 个计划任务并执行。

表 4-6　稽核计划任务的基本信息需求

| 关联稽核模型 | 选取 1 个或 2 个以上稽核模型(注意该稽核模型的数据运维人员为同一人或一组人员) |
|---|---|
| 邮件配置 | 合并发送，指定有权限的数据运维人员 1～2 名；<br>邮件标题和内容，利用公式选取稽核模型内容作为参数 |
| 个人待办 | 发送待办；<br>公式编辑主题；<br>接收人指定有权限的数据运维人员 1～2 名 |
| 调度执行 | 执行周期调度；<br>循环周期为每天定时执行 |

# 任务 3：任务管理和监控

## 【任务场景】

在上一任务中，项目组在数据资产管理平台中完成了稽核配置工作，并可以直接执行或计划执行稽核任务。在实际工作中，通常在一批稽核模型上线后，数据管理或运维人员需掌握对稽核任务配置、管理和监控的技能，监控所有稽核模型的执行进度和状态情况，提高数据运维工作自动化程度。

## 【任务目标】

1. 能够根据稽核方案文档和调研结果，配置正确的数据稽核任务。

2. 能够在主管的指导下，监控稽核任务进度和状态，处理异常任务。

## 【知识准备】

### 1. 计划任务

通过稽核模型执行后产生的异常数据触发预警事件，如稽核报告、待办或邮件，提醒数据运维人员进行异常数据处理，确保数据质量管控的闭环管理。稽核模型执行要求可配置成计划任务，包括基本信息、邮件配置、个人待办和调度。

计划任务的创建有两种方式，但计划任务的配置项相同。

方式一：创建稽核模型时，计划任务配置页签，可以设置计划任务。

方式二：在任务管理和监控模块中可对稽核任务的创建、编辑、删除等统一管理。

### 2. 任务监控

稽核计划任务执行情况，可以通过查看日志进行稽核模型执行的监控。

计划任务的执行日志监控有两种方式，查看结果相同。

方式一：在稽核模型的计划任务页签单击日志，可对建立的计划任务进行查看。

方式二：在任务管理和监控模块中可对所有稽核任务进行监控。

## 【业务操作】

本任务主要介绍稽核计划任务的配置管理和执行，任务执行进度和状态监控，以及异常任务处理等。

### 一、任务管理

#### 1. 任务配置

在"任务管理监控"—"任务管理"菜单下创建稽核计划任务。

扫码观看微课

图 4-48　创建稽核计划任务

> 小提示
>
> 任务管理中数据稽核任务的分组与稽核模型库的分组相同，若一个计划任务关联多个目录下的稽核模型，则在多个目录下均会显示该计划任务。

在"任务管理"的任务列表中单击"编辑"，进行任务的配置工作。

图 4-49　编辑任务

计划任务分为基本信息、邮件配置、个人待办和调度，可根据需求配置相关内容。

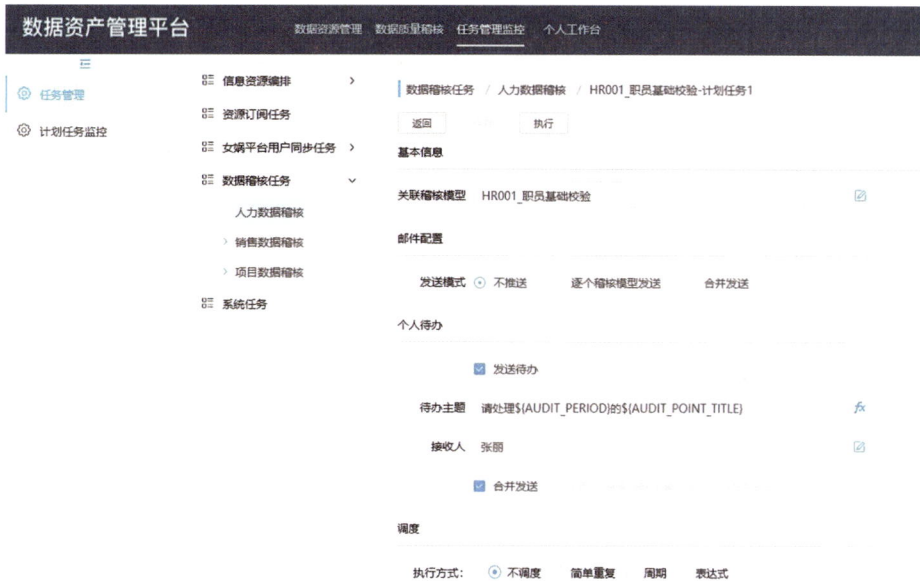

图 4-50　配置相关内容

(1)基本信息

关联稽核模型，可关联多个稽核模型。

(2)邮件配置

发送模式：包括不推送、逐个稽核模型发送和合并发送三种模式。

系统收件人：根据系统用户的稽核模型权限发送邮件。

外部收件人：支持填写多个邮箱地址，并根据系统用户的稽核模型权限发送邮件。

邮件内容：邮件主题和内容支持利用函数、数据中的常量字段和添加的数据集字段进行编辑；勾选"发送附件"，错误数据将以 xlsx 格式发送，再勾选"压缩附件"，错误数据将以 zip 格式发送；单击"预览"查看邮件主题和邮件内容，常用的邮件内容可"保存为模板"，方便以后使用。

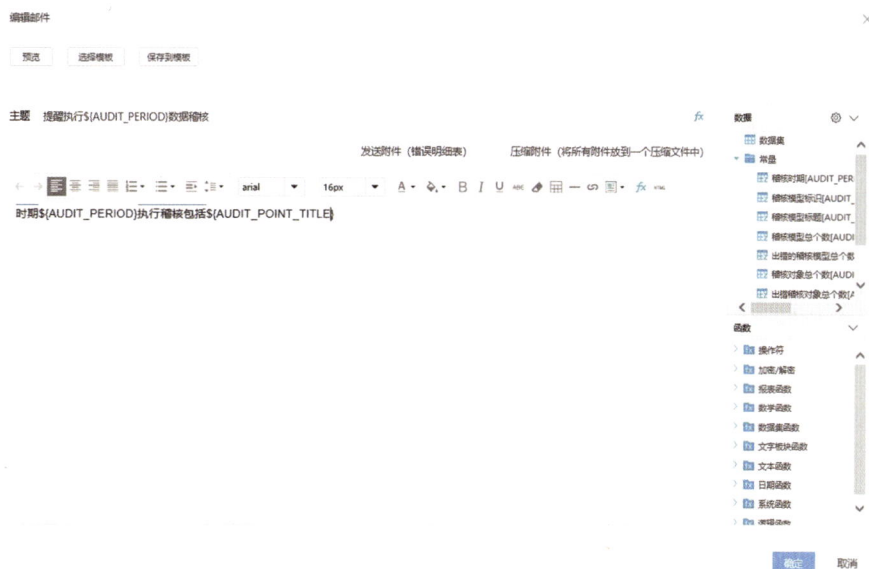

图 4-51　邮件模板

发送邮件时，邮件内容不能为空；执行发送邮件操作前需进行邮箱设置，在系统管理—系统选项中进行 SMTP 服务器设置。

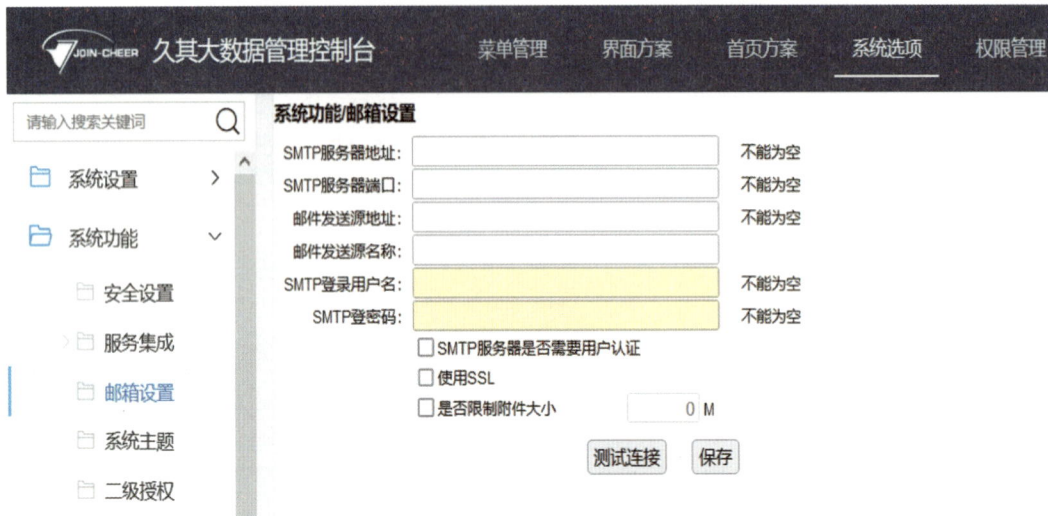

图 4-52　邮箱设置

(3)个人待办

待办主题：可手动添加或结合公式编辑。

接收人：根据系统用户的稽核模型权限，选择接收人，发送待办。

合并发送：勾选后，将同一用户下多个稽核对象合并到一个待办中发送。

(4)调度

不调度：不会自动调度执行。

简单重复：在生效时间内调度一次计划任务。若勾选重复执行，可根据配置选择在生效范围内每隔 $n$ 秒/分钟/小时执行一次。

周期：在生效范围内，每天/每周/每月的具体时间执行。

表达式：在生效范围内，根据 cron 表达式执行。

## 2. 任务执行

立即执行有两种方式。

(1)单击任务列表"操作"的"立即执行"。

图 4-53　立即执行

(2)在计划任务的编辑界面单击"执行"。

图 4-54 编辑界面执行

### 3. 任务启停

"启用"表示按照该任务设置的时间以及内容进行按时自动执行。"停用"表示不按照计划任务中配置内容自动执行。

单击任务列表"操作"下的"停用",出现"停用成功"提示,是否启用变为"已停用",反之启用任务。

图 4-55 启用和停用

### 4. 任务日志

第一步:单击"日志",进入任务执行日志列表。

图 4-56 进入任务执行日志列表

第二步：查看该任务执行日志信息。

图 4-57　查看该任务执行日志信息

第三步：单击"查看详细日志"，查看单次执行的任务详细日志。

图 4-58　查看详细日志

第四步，单击"子任务"，可继续查看关联的稽核模型运行状态和日志。

图 4-59　查看关联的稽核模型运行状态和日志

## 二、计划任务监控

选中"任务管理监控"—"计划任务监控"，可以查看所有稽核计划任务执行情况。

第一步：任务类型选择"数据稽核任务"，其他条件按需求选填。

扫码观看微课

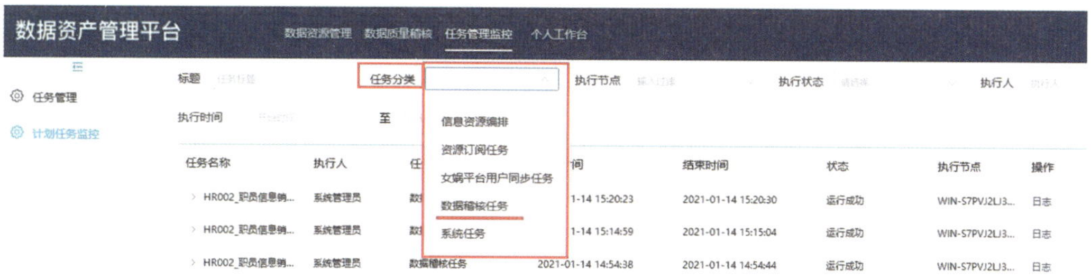

图 4-60 数据稽核任务

第二步：单击查询列表中的"日志"，打开日志详情。

图 4-61 查看日志详情

## 【任务总结】

通过本任务的学习，我们初步掌握了计划任务、任务监控的基本概念，并在掌握这些概念的基础上，学会了如何进行稽核计划任务的配置和监控工作。

本任务的重点是掌握如何进行稽核计划任务配置和监控的方法和工具，难点是在监控过程中对日志里报错信息的理解和处理，这种情况下需要对前期配置的稽核规则、稽核模型以及错误明细存储表熟悉掌握。

　　基于本任务的成果，我们对该集团公司系统的稽核计划任务配置和监控有了完整的了解，这些成果为后续数据稽核报告查阅和处理奠定了基础。

## 【实战练习】

### 1. 笔答练习题

稽核计划任务配置内容包括_____、_____、_____和_____。

### 2. 实操练习题

　　请为本工作领域任务 2 练习题中创建的稽核模型自定义稽核执行计划任务并执行。请将作业结果截图提交至实训平台。

# 任务 4：稽核报告及待办处理

## 【任务场景】

　　通过本工作领域的介绍，项目组了解了数据质量管控体系中通过流程管理将数据监控的预警信息发送给数据管理或维护人员，直至解决数据问题，从而实现数据治理的闭环管理。在本工作领域任务 2 和任务 3 介绍的稽核计划任务中，可以将稽核结果作为待办分发给数据管理或运维人员。数据管理或运维人员在收到待办后，应及时查阅数据稽核报告，处理异常数据，并将修复结果在平台中反馈。

## 【任务目标】

　　1. 能够在主管的指导下协助客户处理稽核待办事项，让数据稽核过程形成闭环。

　　2. 能够在主管的指导下解读数据稽核报告，解答客户查看稽核报告过程中产生的基本问题。

## 【知识准备】

### 1. 稽核报告

　　对各类数据质量稽核结果进行统计和查询后，根据稽核模型的报表周期产生稽核结果报告，并支持向下钻取到错误明细数据，支持报告推送邮件提醒和待办事项。

### 2. 数据异常率

　　一个稽核模型在一个稽核周期内对一批原始业务数据记录（设为 $n$）进行稽核，如果发现了 $m$ 条原始业务数据记录不符合稽核规则（又称为错误数据或异常数据），则不达标率（异常率）为 $m/n$。

## 【业务操作】

　　本任务主要介绍数据稽核报告查阅方法，以及在个人工作台中处理稽核待办事项的操作。

### 一、稽核报告概览

　　选中"数据质量稽核"中"稽核报告"节点，在右侧功能区中，展示"稽核报告概览"和"按稽核模型查看"。选择"稽核报告概览"，在右侧展示图表界面，通过折线直方图和报表两部分分析稽核结果情况。

扫码观看微课

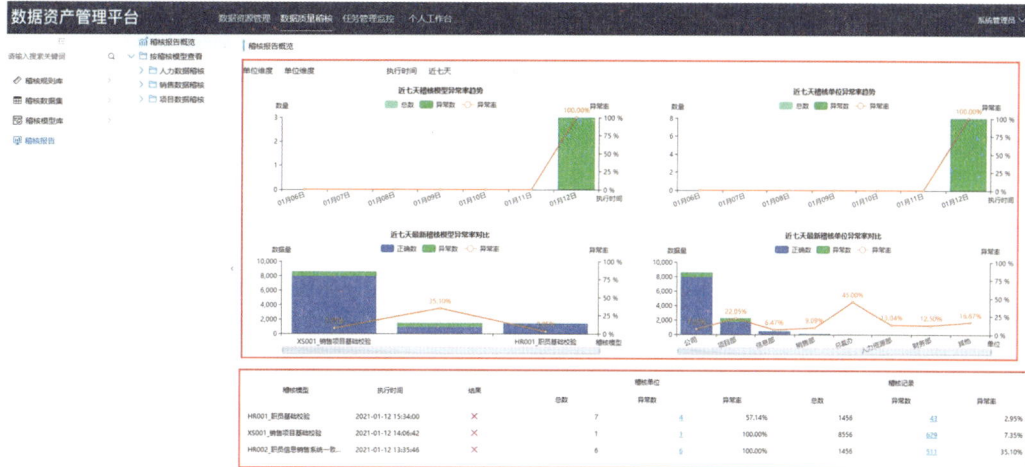

图 4-62 稽核报告概览

根据所选择的单位维度默认统计近七天执行稽核的情况，执行时间可以选择近一年、近半年、近三月和近一月。

折线直方图部分：默认通过"近七天稽核模型异常率趋势""近七天稽核单位异常率趋势""近七天最新稽核模型异常率对比"和"近七天最新稽核单位异常率对比"四张图表进行分析展示。

报表部分：查看执行时间范围内的稽核模型统计结果。

(1)单击某稽核模型异常单位的异常数，跳转到该稽核模型中所有稽核单位的异常数统计界面。

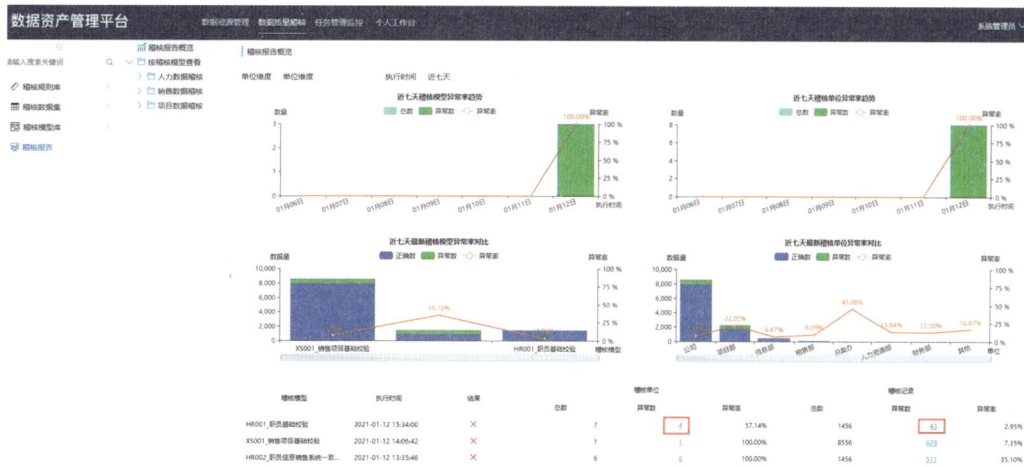

图 4-63 异常单位和异常数

图 4-64 稽核单位统计异常数

(2)单击稽核记录的异常数,跳转到稽核模型稽核规则的异常数统计界面。

图 4-65　稽核规则统计异常数

(3)继续单击异常数,可以钻取到异常明细数据。

图 4-66　异常数据明细

小提示

查看稽核记录异常数的明细数据需要在稽核模型中存储错误明细数据。

## 二、按稽核模型查看

按"稽核模型查看"可以查看分组下所有稽核模型的统计结果,也可以查看单个稽核模型的统计结果。

(1)查看指定分组所有的稽核模型统计结果,每个模型根据执行时间倒序显示。

扫码观看微课

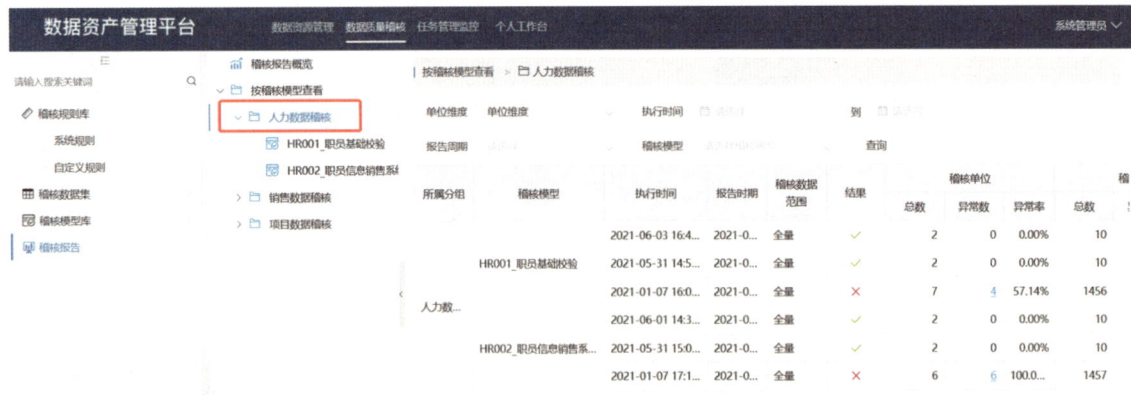

图 4-67　稽核模型分组统计结果

（2）查看单个稽核模型的统计结果，根据执行日期显示，如稽核全部符合规范，结果无异。

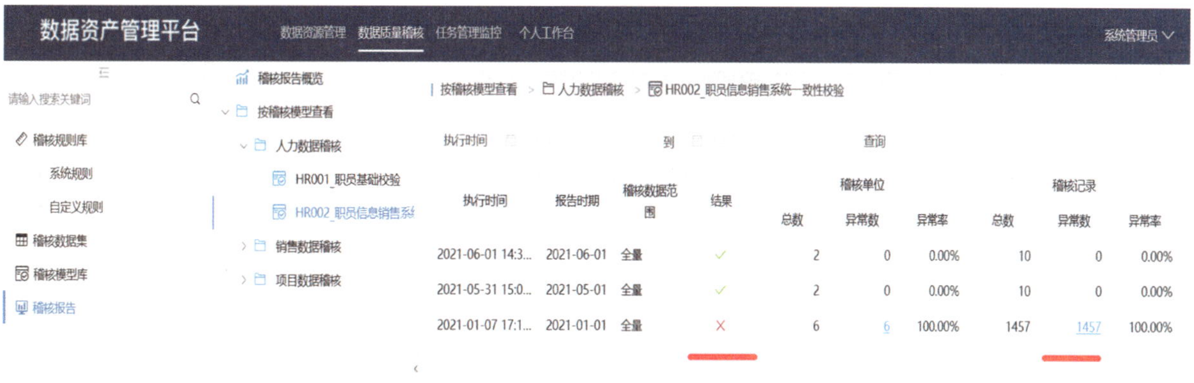

图 4-68　稽核结果全部符合规范

（3）查看单个稽核模型的统计结果，如有异常数据，单击"异常数"可钻取到明细数据。

图 4-69　稽核结果有异常

## 三、我的待办

在"稽核模型-计划任务"中配置稽核待办接收人，接收人的角色权限包括稽核模型中的稽核相关权限（稽核运维员负责稽核待办处理工作，角色权限配置请见工作领域五的相关内容），稽核运维员（即稽核待办的接收人）登录系统，可以在"个人工作台—我的待办"中查看稽核待办事项，并钻取查看错误明细数据，从而有效处理异常数据。

扫码观看微课

第一步：使用前需要在系统选项中选择"开启我的待办"。

图 4-70　开启我的待办

第二步：待办接收用户登录系统，在个人工作台节点"我的待办"下将显示该用户的待办事项及已办事项。

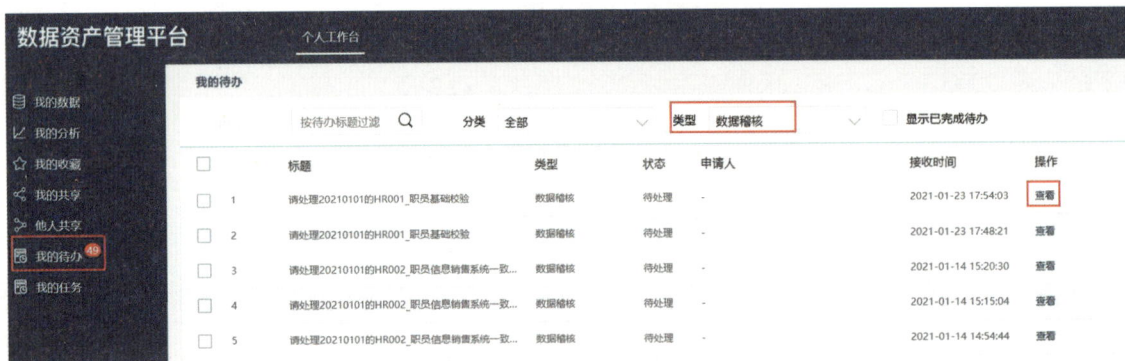

图 4-71　待办接收用户登录

第三步：单击任意待办事项，进入处理页面，若数据运维人员已对错误数据进行了线下修复或其他处理，用户可对修复数进行修改，并手动填写处理方式，修改后单击"保存"并"提交"，该待办事项将变为已完成状态。

图 4-72　填写处理结果

## 【任务总结】

通过本任务的学习，我们初步掌握了稽核报告、数据异常率的基本概念，并在掌握这些概念的基础上，学会了如何进行稽核报告查询，以及待办反馈的操作。

本任务的重点是掌握如何进行稽核报告查阅和待办反馈处理结果的方法和工具，难点是对发现的异常数据如何修复处理，在本教材中需要通过线下处理产生的异常数据，真正修复数据，之后在待办中反馈修复结果。

基于本任务的学习成果，我们对该集团公司系统的数据稽核报告和待办反馈异常数据处理结果的方法有了完整的了解，这些成果将促进数据稽核工作达到闭环。

## 【实战练习】

### 1. 笔答练习题

稽核报告是对各类数据质量稽核结果的统计和查询，其根据稽核模型的报表周期产生稽核结果报告，并支持向下钻取，直到_____数据。

### 2. 实操练习题

请在本工作领域任务 2 练习题创建的"稽核模型-计划任务"中配置待办接收人(可提前配置好稽核角色权限)，执行计划任务。最后使用该接收人登录系统，填报稽核的处理结果并提交。请将作业结果截图提交至实训平台。

## 【能力训练】

数据质量稽核工作是推动企业数据智能分析挖掘的基础。目前，集团公司已完成集团人力资源管理系统、集团投资项目管理系统的数据稽核工作。现针对物流、贸易两个板块的系统，各部门通力合作推动各板块数据质量稽核工作常态化、规范化，制定常见的稽核规则的检查，针对不同系统分别完成稽核规则的梳理、稽核模型的创建、稽核任务的执行和稽核结果的跟踪分析；进一步根据各板块实际业务制定的业务规则进行检查，并对其数据质量进行把控。

## 工作领域五 数据安全与权限管理

### 【领域概述】

本工作领域在数据资产管理平台运行中起到保证数据安全的作用，通过对案例集团公司的组织机构、系统用户体系、用户参与角色以及组织的系统数据安全标准进行全局梳理和系统管理，对系统安全、应用安全、数据安全、物理安全、网络安全等信息安全各方面内容进行有效管控。

本工作领域的具体工作：

1. 用户范围和权限调研。根据用户和安全体系调研模板内容和项目实际情况，对调研内容进行灵活设计与裁剪，并能够独立进行调研结果的梳理，明确集团公司的组织机构、角色和用户配置需求。

2. 用户角色权限设置。能够使用数据资产管理平台的用户管理功能，实现组织机构管理、角色管理和用户管理。

3. 功能资源权限和数据资源权限管理。能够使用数据资产管理平台的权限管理功能，配置角色和用户的权限，包括功能权限和数据权限。

### 【能力目标】

通过本工作领域的学习，能够掌握数据安全和权限管理的相关概念和管理模式，并能够熟练使用数据资产管理平台进行组织机构、角色、用户的配置工作，具备数据安全体系的调研和管理能力。达到胜任数据安全管理岗位工作职责目标。

## 任务 1：用户范围和权限调研成果整理

### 【任务场景】

集团公司数据资产管理平台即将启动，项目组成员现已掌握数据资产管理的基础知识，并已知晓数据资产管理平台建设目标和需求，目前平台已安装完成，集团公司即将开展用户和安全体系调研工作，对集团公司的组织机构、角色和用户体系进行梳理和设计，并按照标准格式形成结果文档。

### 【任务目标】

1. 学习用户和安全体系调研模板内容。

2. 能够根据调研模板，根据项目实际情况，进行调研内容的灵活设计与裁剪。

3. 能够根据调研情况，进行相关调研成果的整理。

## 【业务操作】

第一步，根据组织机构调研情况，结合案例背景中对集团公司的业务说明，整理组织机构调研成果如表 5-1 所示。

表 5-1  组织机构调研成果

| 序号 | 组织机构编码 | 组织机构名称 | 所属人员 |
| --- | --- | --- | --- |
| 1 | 01 | 行政事务部 | 王超 |
| 2 | 02 | 战略发展部 | 刘洋 |
| 3 | 03 | 风险管控部 | 赵丹 |
| 4 | 04 | 财务管理部 | 熊涛 |
| 5 | 05 | 人力资源部 | 张丽 |
| 6 | 06 | 信息管理部 | 李明 |
| 7 | 07 | 数字化研究院 | 李强 |

第二步，根据系统功能权限调研结果，结合工作领域三和工作领域四的学习内容，整理用户角色调研成果如表 5-2 所示。

表 5-2  用户角色调研成果

| 序号 | 角色组 | 角色名称 |
| --- | --- | --- |
| 1 | 数据卡片 | 数据卡片管理员 |
| 2 | 数据资产 | 资源管理员、资源注册员、资源审核员 |
| 3 | 数据交换 | 订阅审核员 |
| 4 | 数据稽核 | 稽核运维员-人力 |

第三步，根据系统使用人员调研结果，结合案例背景中对集团公司的业务说明，整理用户信息调研成果如表 5-3 所示。

表 5-3  用户信息调研成果

| 序号 | 姓名 | 登录名称 | 岗位/角色 |
| --- | --- | --- | --- |
| 1 | 李明 | liming | 信息管理部/资源管理员 |
| 2 | 陈浩 | chenhao | 信息管理部/资源注册员 |
| 3 | 苏红 | suhong | 信息管理部/资源审核员 |
| 4 | 宋杰 | songjie | 信息管理部/订阅审核员 |
| 5 | 张丽 | zhangli | 人资源部/稽核运维员-人力 |

## 【任务总结】

通过本任务的学习，我们对组织机构、岗位/角色、功能权限等概念有了初步的认识，在集团公司具体案例的基础上，学会了用户范围和权限的调研与相关资料的整理工作，并完成了《组织机构调研成果表》《用户角色调研成果表》和《用户信息调研成果表》。

本任务的重点是掌握用户范围和权限调研的方法和工具，难点是在调研过程中用户范围涉及整个组织，需要对被调研对象有宏观和整体的了解，建议在调研执行过程中有被调研对象的高级管理人员参与，整体把握调研方向。

基于本任务的学习成果，我们对该集团公司的组织机构、角色和用户的基本情况有了初步了解，这些成果为后续用户角色、功能权限和数据权限的配置工作奠定了基础。

### 【实战练习】

以下哪些选项属于企业信息系统安全相关人员？

A. 系统建设负责人　　B. 系统运维负责人　　C. 资产管理员　　D. 业务操作员

## 任务 2：用户角色权限设置

### 【任务场景】

集团公司数据资产管理平台即将启动，项目组成员现已完成集团公司用户和安全体系调研工作，对集团公司的组织机构、角色和用户体系进行梳理和设计，并按照标准格式形成结果文档，即将依据调研成果，对集团公司的组织机构、角色和用户进行配置，将企业的各个部门和人员信息初始化到数据资产管理平台中，为系统的使用做好准备。本任务中需完成对组织机构"风险管控部"、角色"数据稽核"和用户"赵丹"的配置。

### 【能力目标】

1. 掌握数据资产管理平台组织机构、用户、角色的设置方法。
2. 理解数据资产管理平台不同角色的职责。

### 【知识准备】

组织级数据资产管理体系的建立，需要建立完整的数据资产管理的组织机构、角色和用户体系，支撑数据资产的注册、管理、订阅使用体系。

#### 1. 组织机构

组织机构是指组织内部的各部门及各级单位，其建设是为了保障数据资产在组织内部的有序和安全使用。跨级别或者部门使用数据资源时需要经过审批流程。

#### 2. 角色

用户在数据资产管理中对各类数据资产进行管理和使用的角色是保障数据资产管理体系运转的关键，数据资产管理平台内置资源管理员、资源注册员、资源审核员、订阅审核员四类角色。

（1）资源管理员：负责管理域和目录，可以直接发布数据资源，

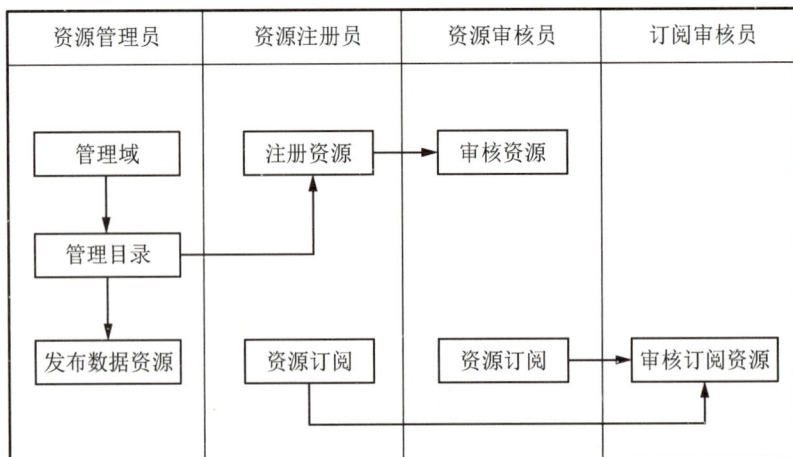

图 5-1　数据资产管理流程

不需要经过资源注册审核流程；当项目不需要资源注册审核流程时，可以将用户设置为资源管理员角色，用户可以直接新增和发布数据资源。

（2）资源注册员：负责向已有域或资源目录中注册数据资源，注册资源提交后，走审批流程，审批通过后才能在浏览界面展现。在"我的注册"功能中，可以维护当前用户注册的数据资源。

（3）资源审核员：负责审核资源注册员提交注册的数据资源，审核通过的数据资源才能在浏览界面展现。

（4）订阅审核员：负责审核用户订阅的数据资源，审核通过后，将根据订阅配置定期向指定前置机推送数据。

## 【业务操作】

第一步：登录系统。

打开浏览器，输入本地地址 http://localhost:8097/bi/console.jsp，打开数据资产管理平台后台登录界面。输入账号"admin"、密码"P@ssw0rd"，单击"登录"进入系统。

扫码观看微课

图 5-2　登录界面

第二步：配置组织机构。

（1）单击"权限管理"菜单，进入权限设置功能。选择"组织机构和用户"页签，单击按钮新增组织机构。

（2）在弹出新增组织机构对话框中，填写机构编码、机构名称，并选择上级机构。

（3）根据组织机构调研成果，完成集团公司其他部门的配置工作。

图 5-3　组织机构管理入口

图 5-4　新增组织机构

图 5-5　配置其他组织机构

第三步：配置角色。

(1)切换到"角色"标签页。

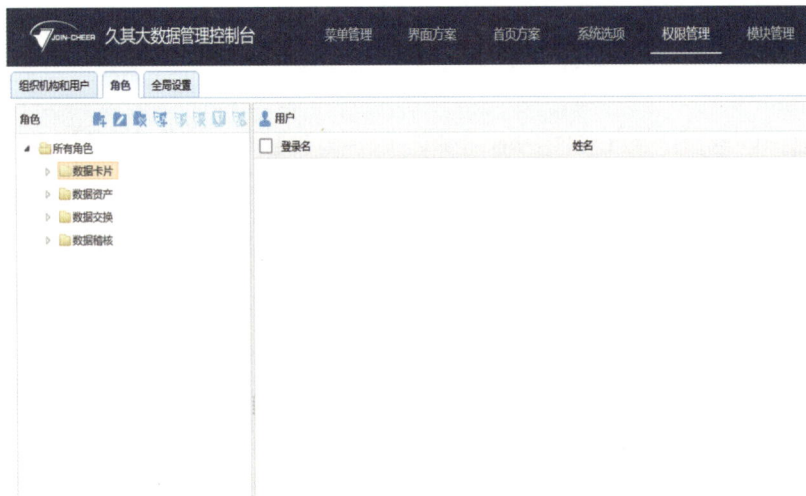

图 5-6　角色管理入口

(2)增加角色分组，单击"添加分组"按钮，输入角色分组的标题，并选择上级分组，单击"确定"。

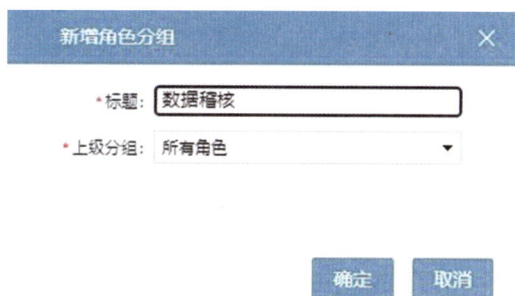

图 5-7　新增角色分组

(3)选中"数据稽核"角色分组，单击"新增角色"按钮，弹出如下新增角色对话框，录入新增角色的"标识"和"标题"，并选择角色所属分组信息。

图 5-8　新增角色

(4)根据用户角色调研成果，完成其他角色的配置。

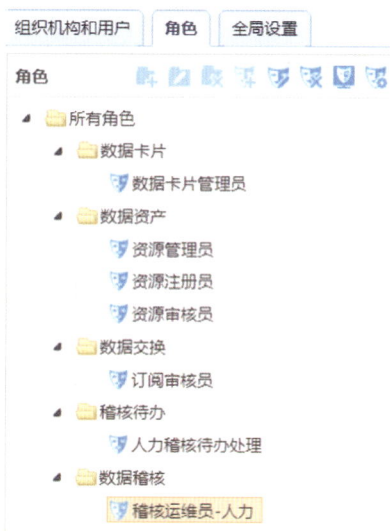

图 5-9　配置其他角色

第四步：配置用户。

在组织机构树形中，选择"风险管控部"后，单击右上方的 按钮，弹出用户信息登记页面，将用户信息填写完整，用户秘级默认为"秘密"。

图 5-10　添加用户信息

第五步：设置用户所属角色。

为每个用户分配角色后，用户将继承其所属角色的权限。单击新建用户角色列按钮 ，选择用户所对应的角色。

图 5-11　设置用户所属角色

## 【任务总结】

通过本任务的学习，我们初步掌握了组织机构、角色的基本概念，对数据资产管理中资源管理员、资源注册员、资源审核员和订阅审核员四类角色的区别和联系有了一定的理解，并在这一基础上学会了组织机构、角色和用户的基本配置。

本任务的重点是掌握如何通过数据资产管理平台进行组织机构、角色和用户的基本管理，难点是如何正确构建三者之间的归属关系，建议正确理解任务 1 用户范围和权限调研成果，联系实际案例的具体情况，确定用户的组织机构，并根据每个用户的业务属性确定其角色。

基于本任务的学习成果，我们完成了该集团公司组织机构、角色和用户的基本信息配置，为后续功能资源权限和数据资源权限的管理工作奠定了基础。

## 【实战练习】

实操练习题

根据本任务中的组织机构、角色和用户管理操作方法，结合调研成果，完成企业内部其他组织机构、角色和用户的配置工作，将练习成果截图上传至实训平台。

# 任务 3：功能资源权限管理

## 【任务场景】

集团公司数据资产管理平台即将启动，现项目组成员已经完成对集团公司内部的用户和安全体系等信息的梳理，形成了配置要求文档，并已完成了组织机构、角色和用户的配置工作，即将在数据资产管理系统中对"稽核运维员-人力"角色和所属用户的功能权限进行维护。

## 【能力目标】

1. 了解功能资源权限相关的基本概念和知识。

2. 掌握功能权限的基本继承原则和配置原则。

3. 能够使用数据资产管理平台的权限管理功能，对企业数据资产管理系统角色和用户的功能权限进行管理。

## 【知识准备】

### 1. 权限

权限可分为功能(操作)权限和数据权限两种，在系统中，两种权限应同时有效。权限管理是对资源的管理，其目的是建立分配资源的规则，以便用户能够通过这套规则获取相应的资源。

### 2. 功能权限

功能权限也叫操作权限，指的是允许或拒绝用户使用系统提供的某个功能。

### 3. 授权

授权指分配具体的权限给具体的人。

### 4. 授权的一般方法

在实际的授权管理中，根据业务的需求，将一些在业务上不可分割的、需要允许用户一起使用的功能组合成一个权限集合进行统一授权。对于这样的权限集合，一般称之为"角色"。通过角色来定义用户被允许使用哪些功能、访问哪些数据。一般把功能和数据分开来进行授权，以便获得更加灵活的权限规则配置方法，以适应更广泛的授权需求。

由于某些不同用户在该业务上需要具有相同的权限，那么这些不同的用户在特定的业务上就具有了共性，可以作为一个抽象的用户来进行权限授予。授权管理使用的抽象用户，也就是用户集合，除了普遍使用的"用户组"外，还可以引用别的业务中所使用的对象。例如组织机构管理中的"机构/部门""职位"和工作流中使用的"岗位"等，在授权管理中都作为用户集合使用。

通过让抽象的用户扮演角色，即可使这个抽象的用户所代表的真实用户获得完成业务所需的权限。这样可以简化授权管理，方便用户操作。

### 5. 用户、角色和组织机构隶属关系原则

(1)一个用户只能且必须属于某一个组织机构，不能同时属于多个组织机构。

(2)一个组织结构可以包含多个用户。

(3)一个用户可以属于某个或者某几个角色，也可以不属于任何角色。

(4)一个角色可以包含多个用户。

(5)高级管理员(admin)用户系统自动生成，不属于任何组织机构或者角色，拥有所有资源和所有功能的权限，它的权限不能再重新配置。

### 6. 菜单权限和功能权限配置原则

(1)取"菜单权限"和"功能权限"的交集，只有同时具备"菜单权限"和"功能权限"时，才可以使用某功能。

(2)只有"功能权限"，没有"菜单权限"，看不到无权限的菜单。

(3)只有"菜单权限"，没有"功能权限"，可以看到该菜单，但是单击后会提示没有功能权限。

(4)功能权限项只有能访问和不能访问(拒绝和不勾选都是没权限)两种。

> 当对同一用户或角色分配的功能权限发生冲突时，应如何确定该对象的权限？
>
> 当用户授权发生冲突时，使用以下2个原则确定用户功能权限。
>
> (1)拒绝优先：当用户自身为拒绝权限时，不考虑角色的权限，且自身没有任何权限。
>
> (2)最大权限优先：当用户自身为非拒绝权限时，则取用户以及关联角色的最大权限。

### 【业务操作】

#### 一、角色功能资源权限管理

第一步：打开浏览器，登录数据资产管理平台后台管理控制台，选择"权限管理"功能、"角色"标签页，单击"设置角色权限"按钮 。

扫码观看微课

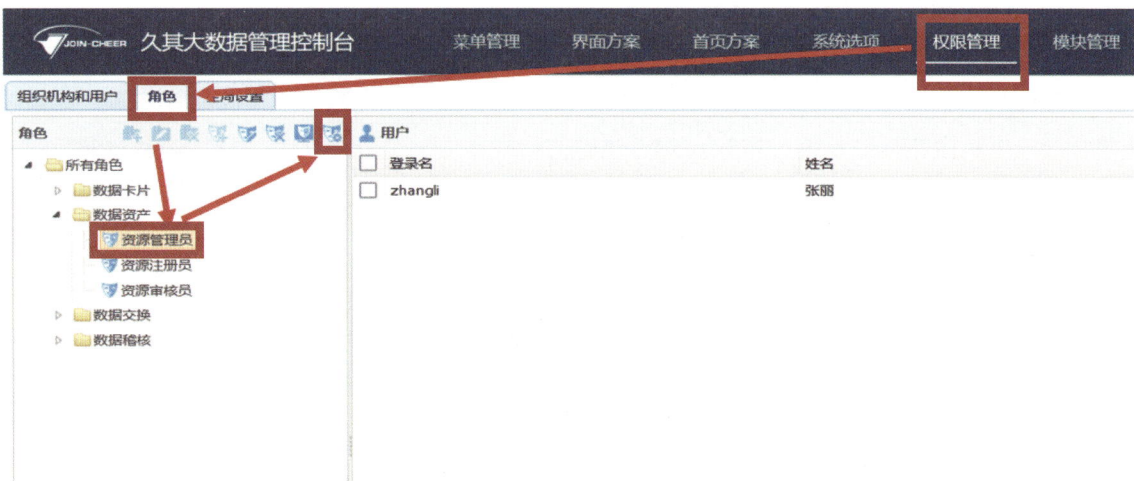

图 5-12　角色功能权限管理入口

第二步：选择"功能权限"标签页，可以对角色的系统功能、界面方案、菜单方案、系统资源树、主题发布等功能进行配置。

图 5-13　功能资源

第三步：对该角色的系统功能进行配置，系统功能包括数据资产管理平台中所有的功能，以树型结构的形式组织在一起，设置同上级或访问权限。

图 5-14　系统功能授权

第四步：对该角色的界面方案进行配置，可以给用户分配相应的界面方案权限。

图 5-15　界面方案授权

第五步：对该角色的菜单方案进行配置，每个系统的配置人员可以定义个性化菜单，把需要的功能组织起来，用户登录使用该菜单；以树形组织菜单方案和各级菜单，可以设置同上级或访问权限。

图 5-16　菜单方案授权

## 二、配置稽核运维员角色功能权限

为负责数据稽核待办处理的人员建立稽核运维员角色，分配"个人工作台"权限。在创建好角色之后，为角色分配功能资源。打开浏览器，登录数据资产管理平台后台的管理控制台，选择"权限管理"功能，进入"角色"标签页，选择所有角色下数据资产中的"稽核运维员－人力"，再单击"设置角色权限"按钮。

第一步：勾选"功能资源—系统功能—系统—数据稽核"的访问权限。

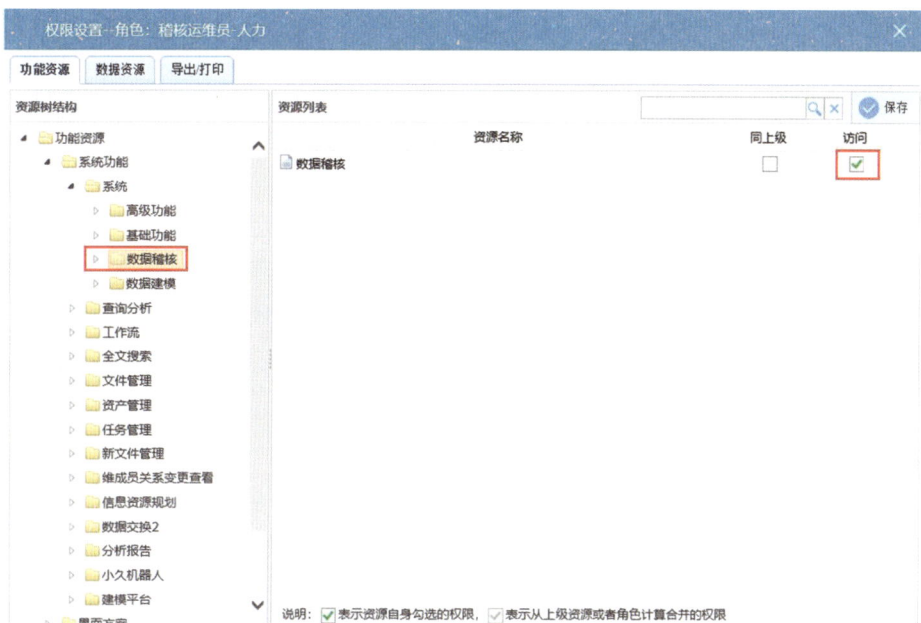

图 5-17　勾选数据稽核

第二步：勾选"功能资源—系统功能—系统—基础功能—个人工作台"的访问权限。

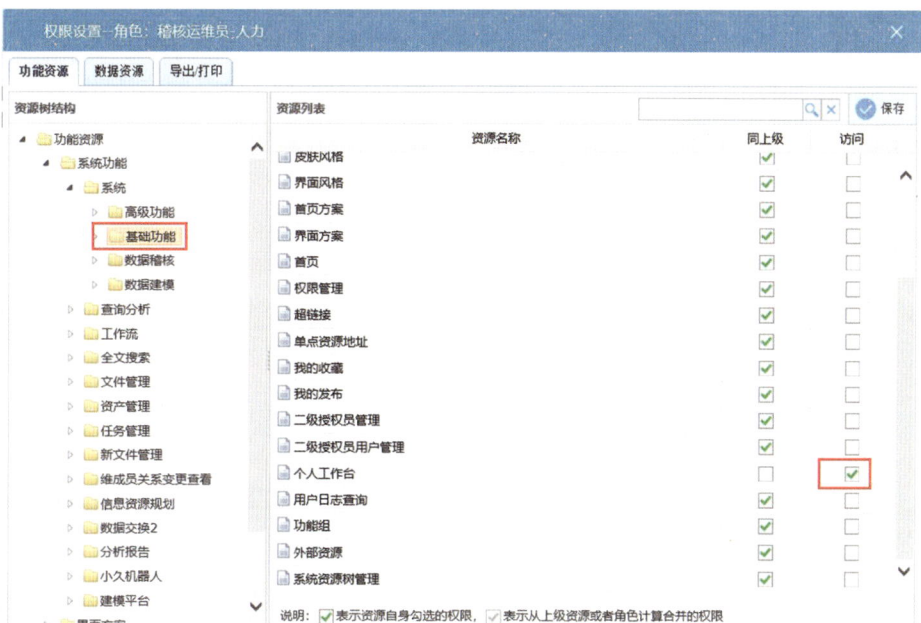

图 5-18　勾选个人工作台

第三步：勾选"功能资源—界面方案—本项目使用界面方案"的访问权限。

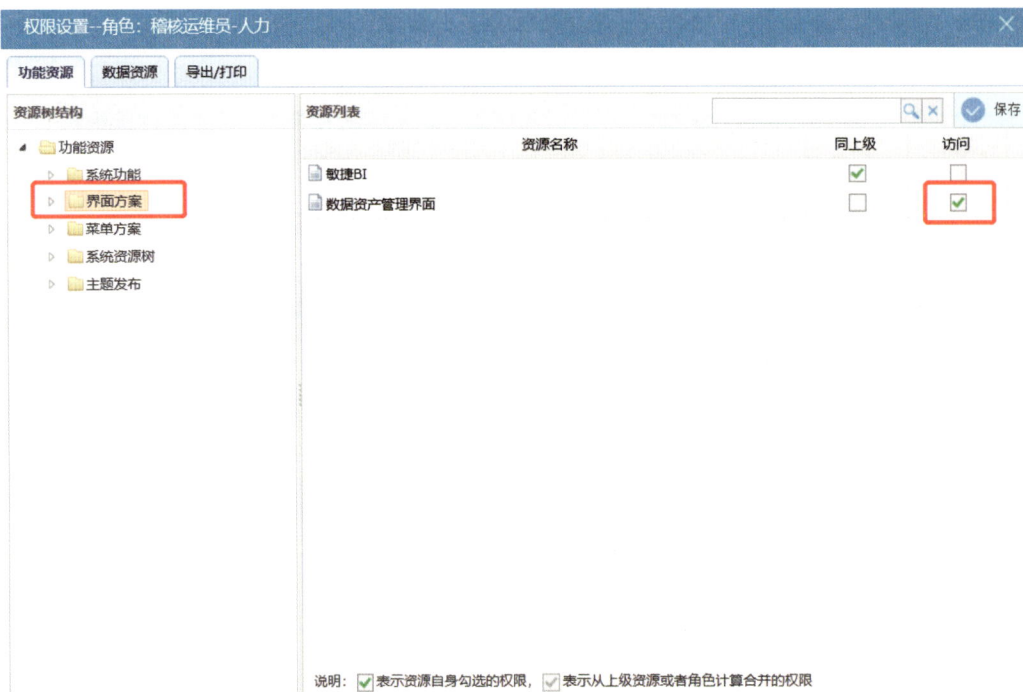

图 5-19　勾选本项目使用界面方案

第四步：勾选"功能资源—菜单方案—本项目使用菜单方案"的访问权限。

图 5-20　勾选本项目使用菜单方案

第五步：勾选"功能资源—菜单方案—本项目使用菜单方案—个人工作台"的访问权限。

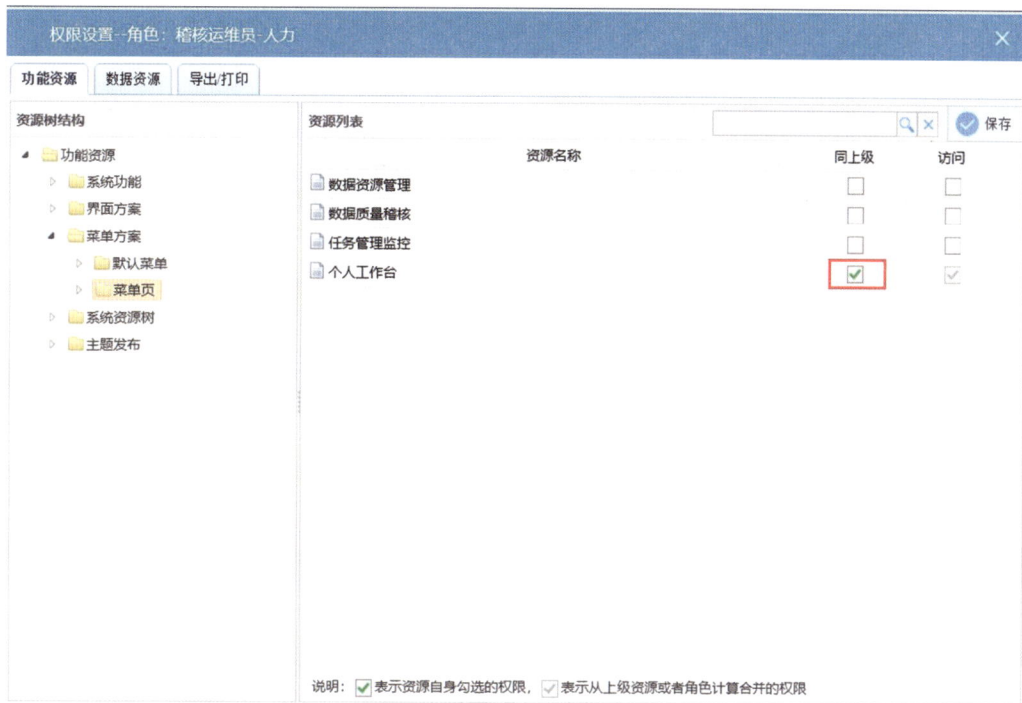

图 5-21　勾选个人工作台访问权限

## 三、用户功能资源权限管理

第一步：打开浏览器，登录数据资产管理平台后台管理控制台，选择"权限管理"功能、"组织机构和用户"标签页，单击"设置角色权限"按钮。

扫码观看微课

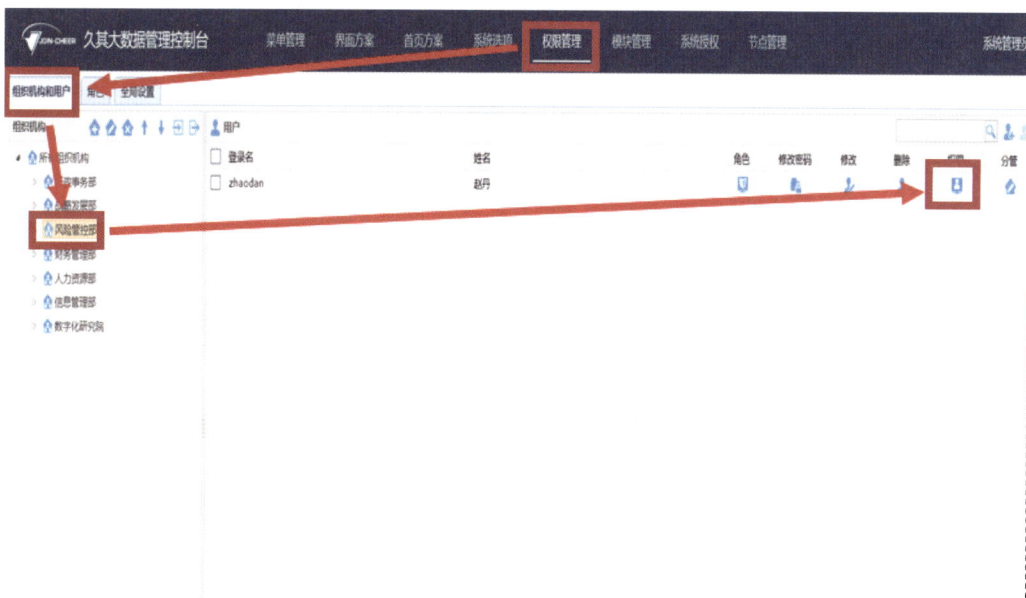

图 5-22　用户功能权限管理入口

第二步：可以针对具体用户单独进行功能权限的配置管理，用户功能权限的配置管理操作过程与角色功能权限的配置管理过程类似。

## 【任务总结】

通过本任务的学习，我们初步掌握了权限、功能权限、授权的基本概念，对功能权限配置的基本原则有了一定的了解，并在这一基础上学会了角色和用户的功能权限配置。

本任务的重点是掌握如何通过数据资产管理平台进行角色和用户的功能权限管理，难点是如何正确理解用户、角色、组织机构隶属关系原则和菜单权限、功能权限配置原则，建议尝试进行功能权限的自定义配置，特别对用户和角色的功能权限配置不一致的情况进行验证。

基于本任务的学习成果，我们完成了该集团公司角色和用户的功能权限配置，为后续数据资源权限的管理工作奠定了基础。

## 【实战练习】

1. 当用户配置的"菜单权限"和"功能权限"不一致时，以下哪种情况，用户可以正常使用该项功能?

A. 该项功能是"菜单权限"和"功能权限"的并集

B. 该项功能是"菜单权限"和"功能权限"的交集

C. 该项功能是"菜单权限"和"功能权限"的差集

D. 该项功能是"菜单权限"和"功能权限"的补集

2. 某用户自身为非拒绝权限，同时隶属于多个角色，在确定该用户权限时需遵循_____原则。

# 任务4：数据资源权限管理

## 【任务场景】

集团公司数据资产管理平台即将启动，现项目组成员已经完成对集团公司内部的用户和安全体系信息的梳理，形成了配置要求文档，并完成了组织机构、角色和用户的配置工作，即将在数据资产管理系统中对"稽核运维员"角色和所属用户的数据权限进行维护。

## 【能力目标】

1. 了解数据资源权限相关的基本概念和知识。

2. 能够使用数据资产管理平台的权限管理功能，对企业数据资产管理系统角色和用户的数据权限进行管理。

## 【知识准备】

### 1. 数据权限

数据权限指允许或拒绝用户进行某个数据的增加、删减、修改、查询操作。

### 2. 数据权限的授权

数据在系统中共同的特性有如下维度。

(1)业务维度：不同的业务产生不同的数据。

(2)生产者维度：相同的业务会有多个数据生产者和生产部门。

有些业务需要用户访问其他业务的数据，或者是其他数据生产者中特定生产者的生产数据。数据权限的授予必须支持跨业务和跨部门。

### 3. 数据权限授予的一般规则

在不对业务维度做限定的情况下，可以配置如"允许本部门的成员管理本部门的数据"这样的权限规则。对于不同部门的用户，该规则所产生的效果并不相同，具体的效果与用户所在部门的业务和产生的数据相对应。

根据以上分析，可以内置一些如下抽象规则。

(1)允许管理本机构(含下级机构/部门)的数据。

(2)允许管理本部门(含下级部门)的数据。

(3)仅允许管理本部门的数据。

(4)仅允许管理本人的数据。

(5)允许查看本机构(含下级机构/部门)的数据。

(6)允许查看本部门(含下级部门)的数据。

(7)仅允许查看本部门的数据。

(8)仅允许查看本人的数据。

## 【业务操作】

### 一、角色数据资源权限管理

第一步：打开浏览器，登录数据资产管理平台后台管理控制台，选择"权限管理"功能、"角色"标签页，依次点选"数据稽核""稽核运维员"角色，单击"设置角色权限"按钮。

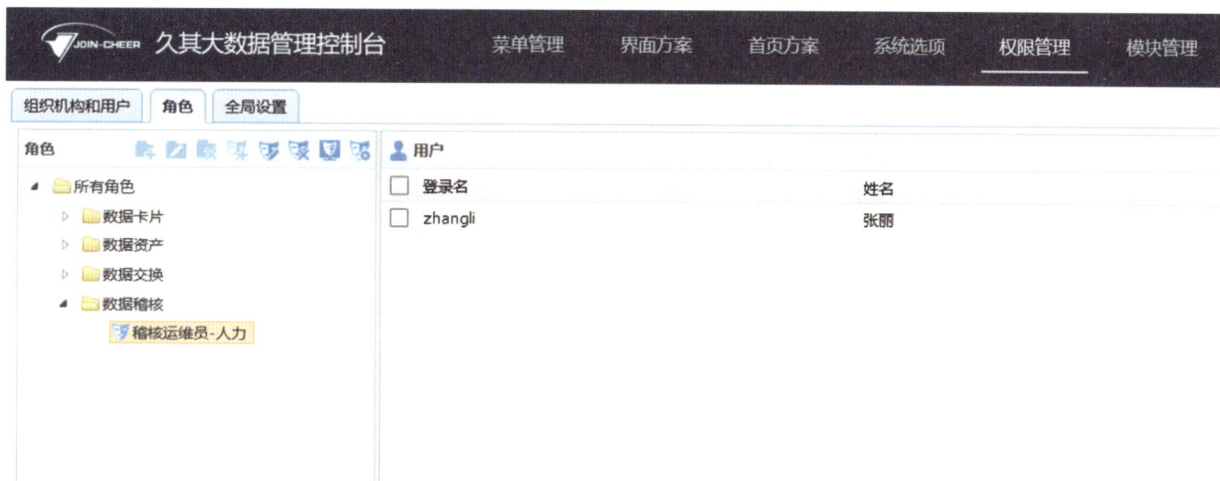

扫码观看微课

图 5-23　角色数据权限管理入口

第二步：选择"数据资源"标签页，可以对角色的维度、系统资源树、信息资源管理、数据资源管理、文件管理等数据资源进行配置。

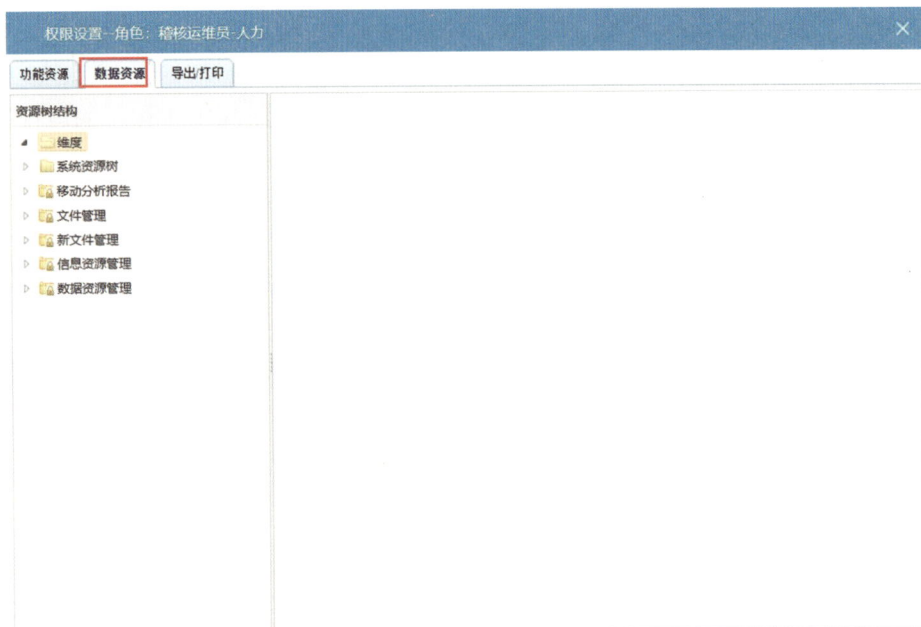

图 5-24　配置数据资源

可配置的数据资源权限项包括拒绝、访问和修改，对应可进行的操作如下。

(1)拒绝：看不到该资源。

(2)访问：只能查看、浏览、拷贝等。

(3)修改：查看、浏览、拷贝、配置、修改等。

第三步：选择"系统资源树"对角色数据源权限进行配置。

系统资源树支持统一授权、单一授权两种方式。选择统一授权方式时，系统资源树节点不展开，且显示锁形图标，可以设置拒绝、访问、修改三种权限。

图 5-25　统一授权

选择单一授权方式时，锁形图标消失，自动展开树形，可以对数据源视图、指标、Cube、度量分别授权。

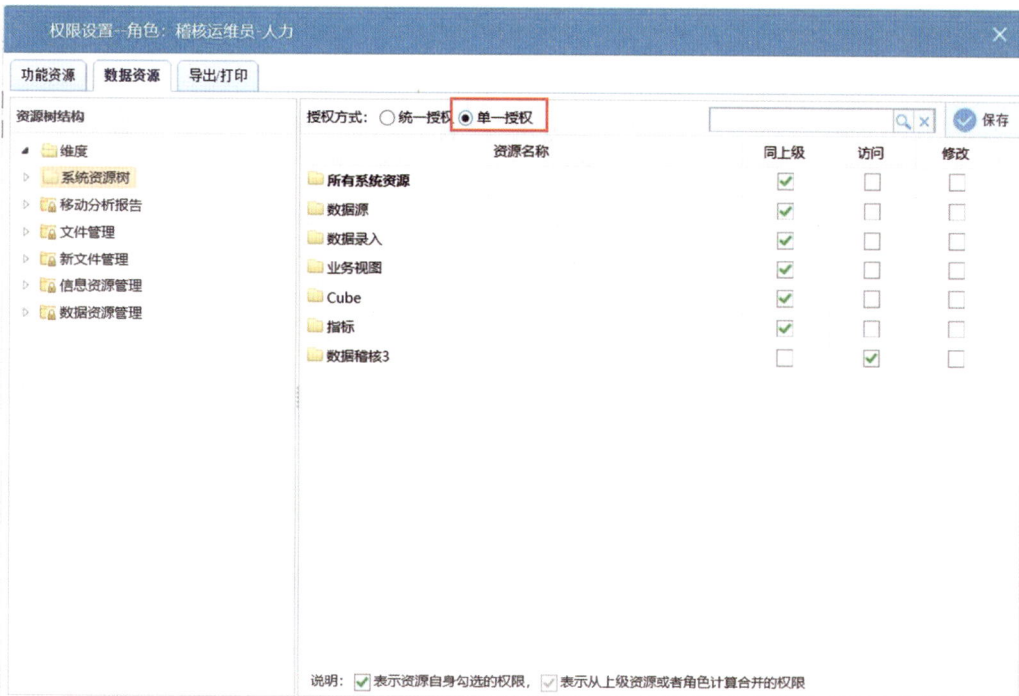

图 5-26 单一授权

第四步：选择"系统资源树—数据源"对角色数据源权限进行配置。支持对客户端添加的数据源视图设置拒绝、同上级、访问、修改权限。

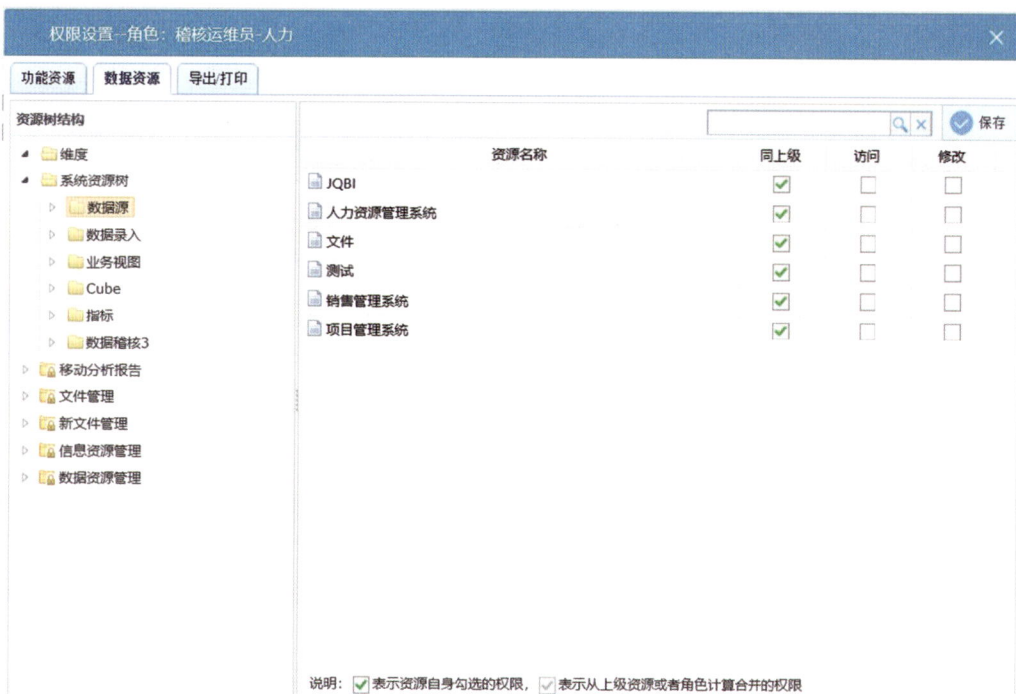

图 5-27 数据源授权

第五步：选择"系统资源树—数据稽核"，对稽核点进行权限控制，在数据资源页签会列出客户端添加的数据稽核节点。支持对不同节点设置拒绝、同上级、访问、修改权限。

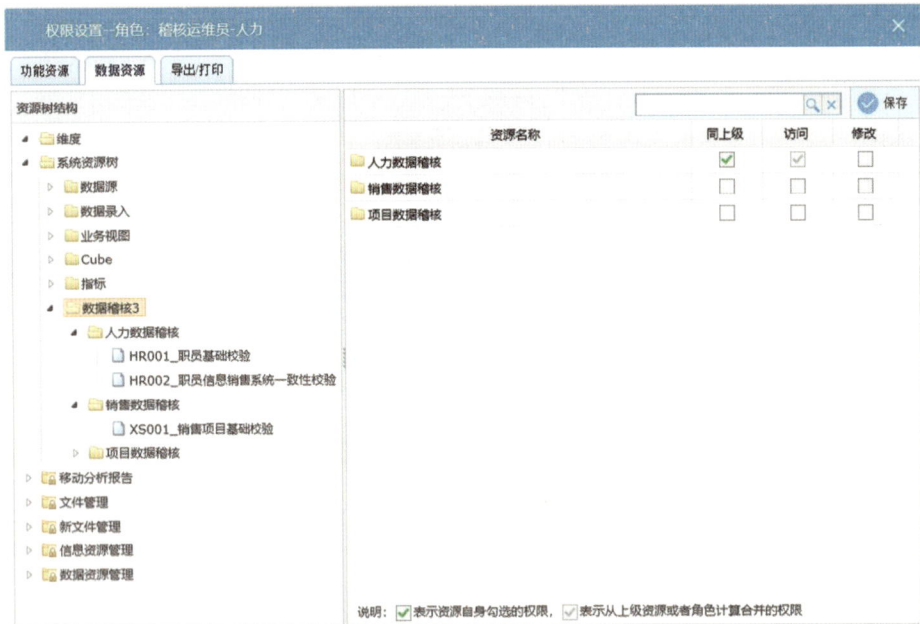

图 5-28　数据稽核授权

## 二、配置稽核运维员角色数据权限

为负责数据稽核待办处理的人员建立稽核运维员角色，在创建好角色之后，为角色分配数据资源。打开浏览器，登录数据资产管理平台后台管理控制台，选择"权限管理"功能，进入"角色"标签页，选择数据稽核下的"稽核运维员-人力"角色，再单击"设置角色权限"按钮。

扫码观看微课

第一步：依次点选"数据资源"—"系统资源树"—"单一授权"—"数据稽核"—"访问"。

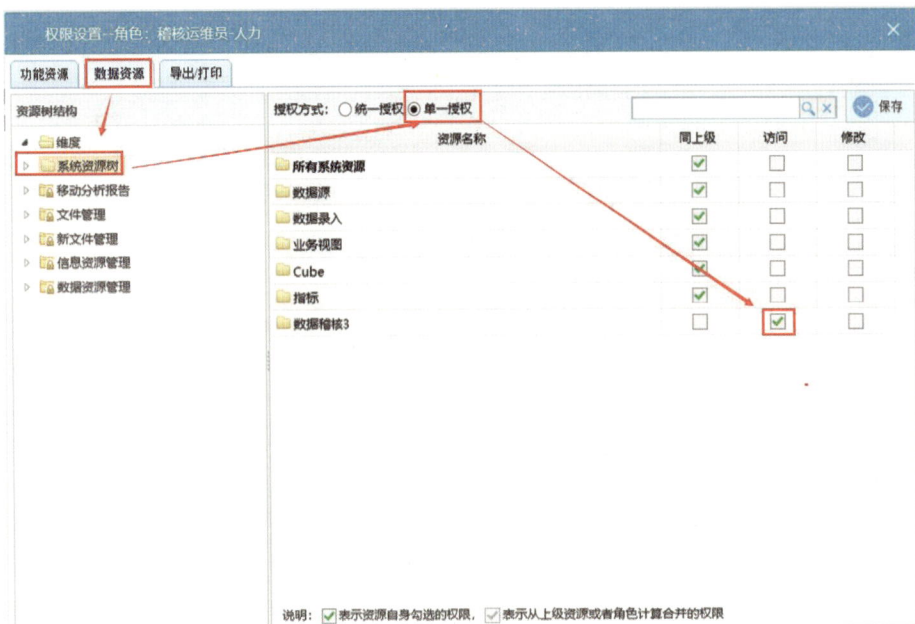

图 5-29　单一授权数据稽核

第二步：在"系统资源树—数据稽核"中，选择具体要分配的稽核模型权限。

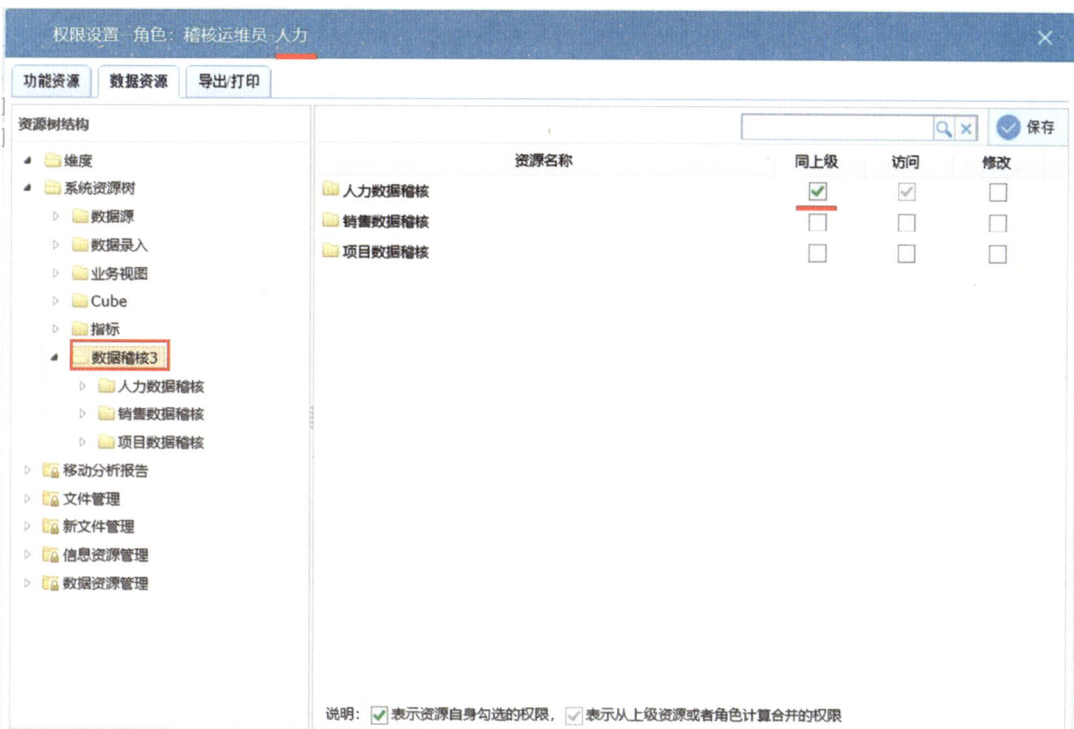

图 5-30　分配稽核模型权限

第三步：设置用户的所属角色，并使用该用户登录系统，可以查看个人工作台功能。

**小提示**

在角色配置过程中，如果数据资源不配置稽核模型权限，在执行计划任务时不能发送待办，并且日志会有提示信息。

| 【info】2021-01-06 17:22:00 (337) | 稽核模型【HR_JHMX_001】执行完成，共消耗0.149 sec |
| 【info】2021-01-06 17:22:00 (356) | 开始执行稽核任务【HR001_职员基础校验-计划任务1】 |
| 【info】2021-01-06 17:22:00 (357) | 开始执行稽核运算，共有1个稽核模型，稽核时期：20210106 |
| 【info】2021-01-06 17:22:00 (358) | 开始推送待办事件 |
| 【warn】2021-01-06 17:22:00 (359) | 用户【zhangli】没有稽核结果的权限，不发送待办 |
| 【info】2021-01-06 17:22:00 (360) | 任务【HR001_职员基础校验-计划任务1】执行完成 |

图 5-31　未授权警告信息

## 三、用户数据资源权限管理

第一步：打开浏览器，登录数据资产管理平台后台管理控制台，选择"权限管理"功能、"组织机构和用户"标签页，点选"风险管控部"，单击"权限"按钮。

第二步：可以针对具体用户单独进行数据权限的配置管理，用户数据权限的配置管理操作过程与角色数据权限的配置管理过程类似。

扫码观看微课

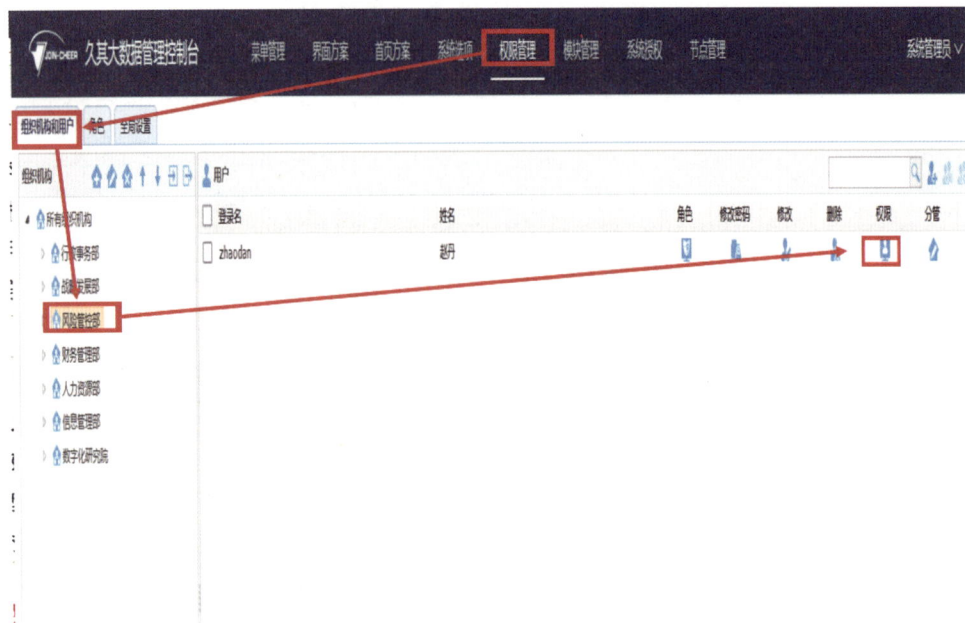

图 5-32　用户数据权限管理入口

## 【任务总结】

通过本任务的学习，我们初步掌握了数据权限的基本概念，对数据权限配置的基本原则有了一定的了解，并在这一基础上学会了角色和用户的数据权限配置。

本任务的重点是掌握如何通过数据资产管理平台进行角色和用户的数据权限管理，难点是如何区别和应用统一授权和单一授权两种数据资源授权方式，建议以最小权限确定用户的数据权限，并结合使用统一授权和单一授权两种方式，精细控制用户的数据权限。

基于本任务的学习成果，我们完成了该集团公司角色和用户的数据权限配置，为后续的数据安全管理工作奠定了基础。

## 【实战练习】

### 笔答练习题

数据资源权限有两种授权方式，分别是_____、_____。

## 工作领域六　数据可视化配置

## 【领域概述】

本工作领域在数据资产管理平台运行中起到对数据进行可视化解释的作用，是数据资产管理中提升数据资产价值的核心步骤。通过对案例集团公司核心数据资源的数据可视化配置，提升数据资源的可识别性，通过直观传达数据的关键特征，实现对复杂的结构化数据的深入洞察。其内容包括配置数据集、配置图表和配置查询等内容。

本工作领域的具体工作：

1. 常规报表分析。能够按照规定的格式对数据进行统一的组织、加工和展示。

2. 多维分析。能够独立识别数据间的关系，从而找出同类性质的数据统计项之间的关联。

3. 数据分析。通过适当的数据可视化手段以图形、图像的形式表达数据，以满足组织的业务运营要求，并能够适应业务、技术领域的发展变化。

## 【能力目标】

通过本工作领域的学习，能够初步掌握数据可视化配置的简单方法，学会通过图表来展示和分析数据，具备数据分析的思维和能力，达到胜任数据分析岗位工作职责目标。

## 任务：集团公司投资项目数据分析

### 【任务场景】

集团公司数据资产管理平台正在实施过程中，现项目组成员已经完成对集团公司行政事务部、战略发展部、财务管理部、风险控制部、人力资源部、信息管理部等职能部门核心数据资源的登记与管理，其中战略发展部张经理希望在组织级层面建设统一的数据可视化平台，整合各部门数据资源，支持跨部门及部门内部的数据分析和接口开发工作，并要求首先对集团公司投资项目情况进行基础的数据分析。

### 【任务目标】

1. 了解数据集的概念和相关知识。

2. 掌握建立二维表数据集和 Excel 数据集的方法。

3. 了解数据可视化相关的概念、知识和基本配置方法。

4. 根据本任务介绍的仪表盘配置方法，使用多种图表类型生成仪表盘。

## 【知识准备】

### 1. 个人工作台

个人工作台是一个操作简便且功能全面的个人工作平台，便于提高工作效率。个人工作台无需复杂建模，直接对接数据库（二维表）或文件中（Excel）的数据，通过拖曳方式配置图表，实现从数据到仪表盘一站式配置。个人工作台的权限是个人权限，用户只能看到自己个人创建或是收藏的资源内容，无法查看其他用户创建的内容，只有当前用户将自己创建或是收藏的资源共享给其他用户，其他用户才可查看该资源内容，具有良好的私密性。个人工作台可以管理用户的收藏内容、共享内容等个人化资源内容，并有即时的消息体系，可接受推送及共享的消息。

### 2. 数据集

数据的集合，数据来源为基础表中的数据，从所有数据中抽取要用于图表分析的数据成为一个集合，是图表的数据来源。

### 3. 仪表盘

仪表盘是将各个图表、查询结果、分析表结果、文字板块等集合起来展示的门户，能将各种信息综合起来，并可进行联动等灵活的人机交互操作，仪表盘的布局可以任意定制。

## 【业务操作】

### 一、管理文件夹

第一步：打开浏览器，登录数据资产管理平台，选择"个人工作台"—"我的数据"，单击"新建文件夹"按钮。

扫码观看微课

图 6-1　管理文件夹入口

第二步：弹出新建文件夹弹出框，填写文件夹标题，单击"确定"即可新建文件夹，单击"取消"即可取消新建文件夹。

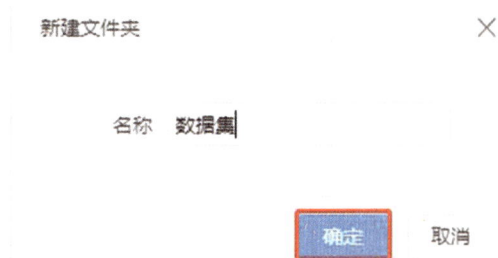

图 6-2 新建文件夹

第三步：建立后的数据集支持重命名、编辑、删除和移动等操作。

图 6-3 数据集管理

**小提示**

文件夹内包含资源内容时不允许直接删除，单击该文件夹表格行的"删除"按钮，会弹出提示"文件夹不为空 不能进行删除"，只有把文件夹内的内容删除或移动到其他路径下，使该文件夹为空文件夹时才允许删除。

图 6-4 文件夹删除

## 二、配置二维表数据集

二维表数据集是通过对数据源视图来查询获取到的数据集。

第一步：单击"数据集"文件夹，进入该文件夹。

图 6-5 进入文件夹

扫码观看微课

第二步：进入数据集文件夹后，单击"新建数据集"按钮，建立二维表数据集。

图 6-6　新建数据集

第三步：页面跳转到数据集编辑界面，勾选"信息资源"—"项目基本信息"，单击"预览"后修改该数据集的名称为"项目基本信息"，单击"完成"按钮。

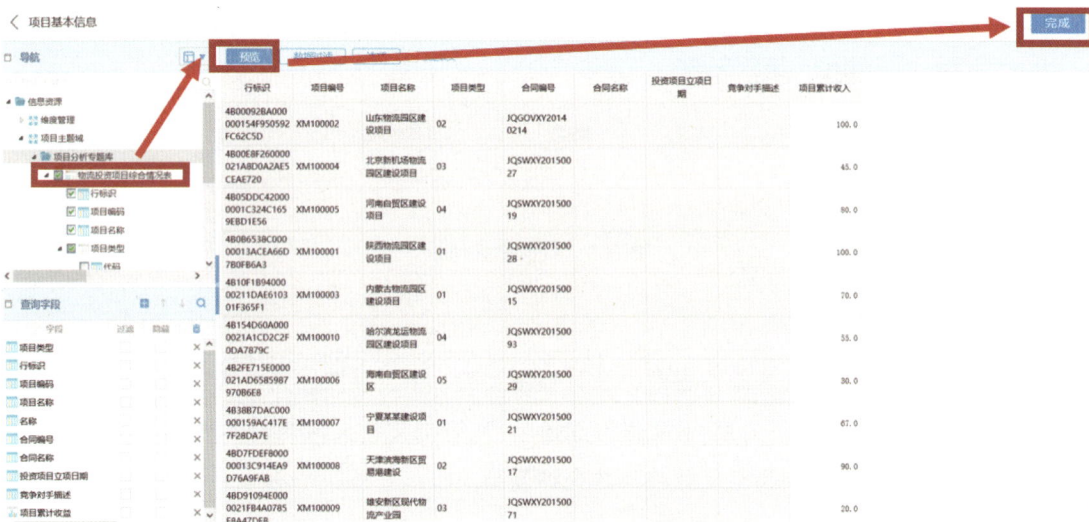

图 6-7　建立项目基本信息数据集

第四步：建立后的数据集支持重命名、编辑、删除和移动等操作。

图 6-8　数据集管理

## 三、配置 Excel 数据集

Excel 数据集是通过对 csv、Excel 文件的直接导入获取到的数据集。

第一步：进入数据集文件夹后，单击"上传 Excel"按钮，建立 Excel 数据集。

第二步：页面直接跳转到上传 Excel 界面，单击上传文件或拖曳上传文件，单击上传文件时，弹出资源管理器窗口，在资源管理器窗口中选择需要本地上传的文件，单击"打开"即可上传成功，单击"取消"即可取消上传。

扫码观看微课

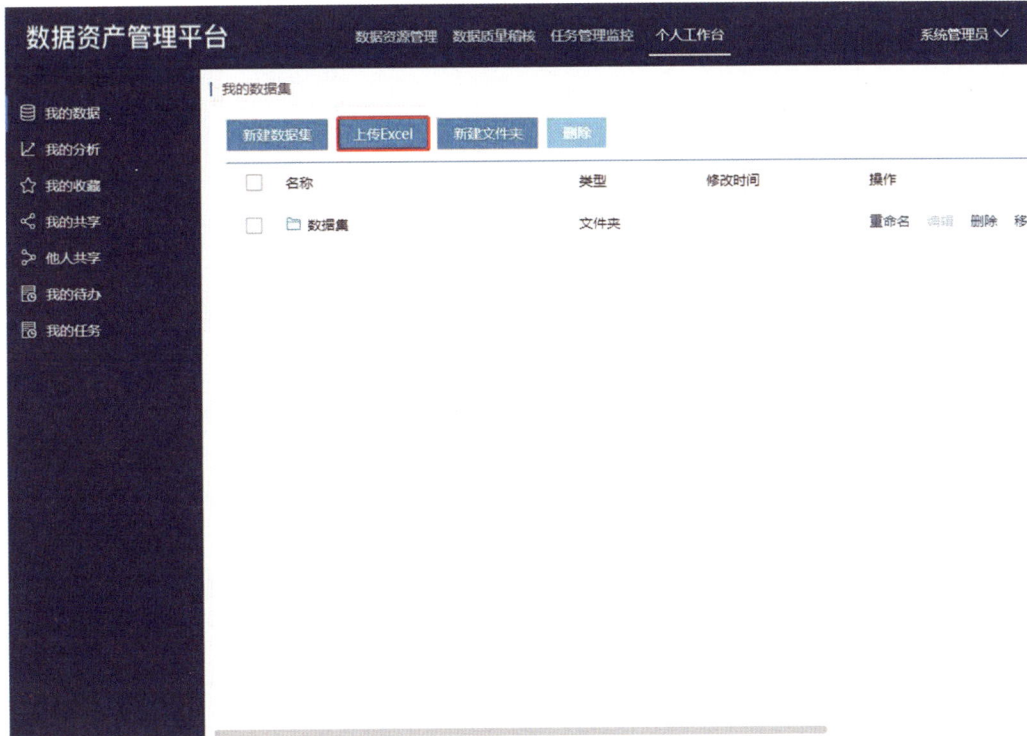

图 6-9　新建 Excel 数据集入口

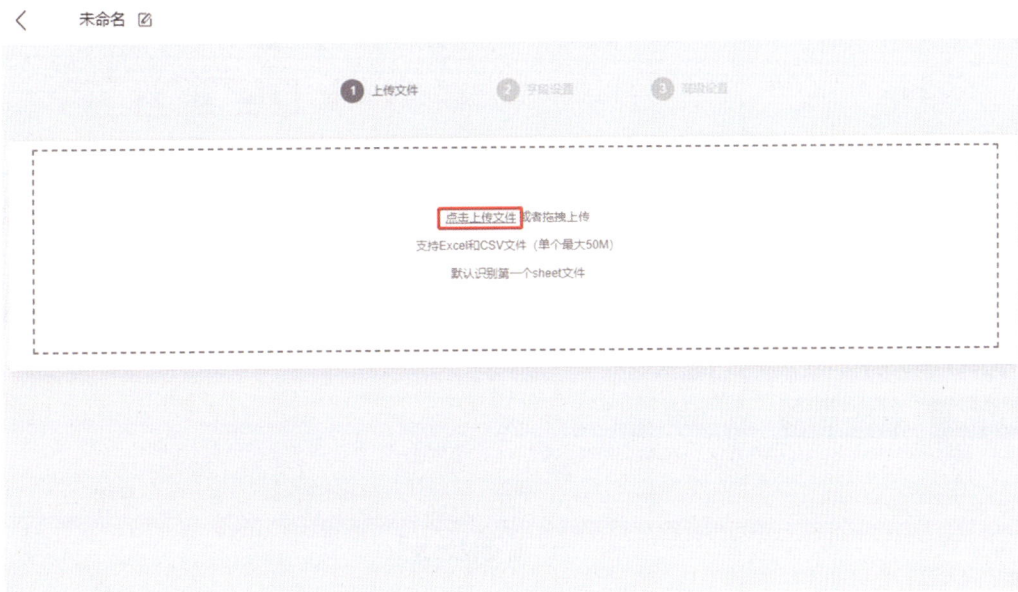

图 6-10　上传文件

第三步：上传成功后，默认识别 Excel 文件中第一个 Sheet 内容，首行默认为标题行，修改数据集名称为"Excel 数据集"，单击"完成"。

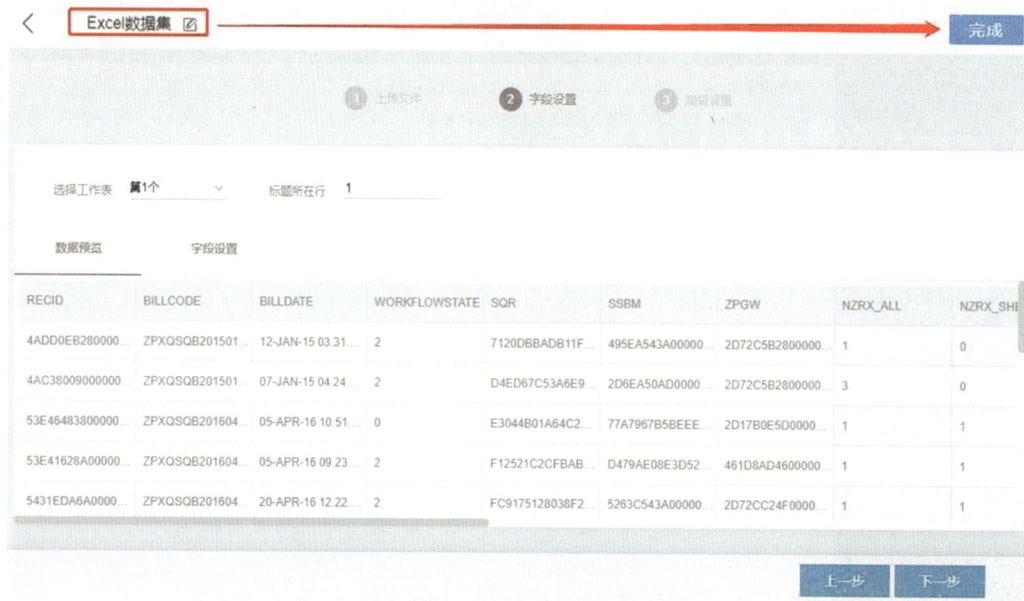

图 6-11　建立 Excel 数据集

第四步：建立后的数据集支持重命名、编辑、删除和移动等操作。

图 6-12　Excel 数据集管理

## 四、配置图表

第一步：单击"新建仪表盘"按钮，建立新仪表盘。

图 6-13　新建仪表盘

扫码观看微课

第二步：输入新建仪表盘的标题为"我的仪表盘"。

图 6-14　命名仪表盘

第三步：建立后的仪表盘支持重命名、编辑、删除、移动和共享等操作。单击"编辑"进入仪表盘编辑页面。

图 6-15 仪表盘管理

第四步：在仪表盘编辑页面，单击"新建图表"。

图 6-16 新建图表

第五步：选择"项目基本信息"数据集和折线直方图后，单击"确定"。

仪表盘支持折线直方图、饼图、仪表盘图、散点图、关系图、雷达图、排名图、地图、在线地图、箱线图、表格等多种形式的数据图表，下面以基本的折线直方图为例，介绍仪表盘配置方法。

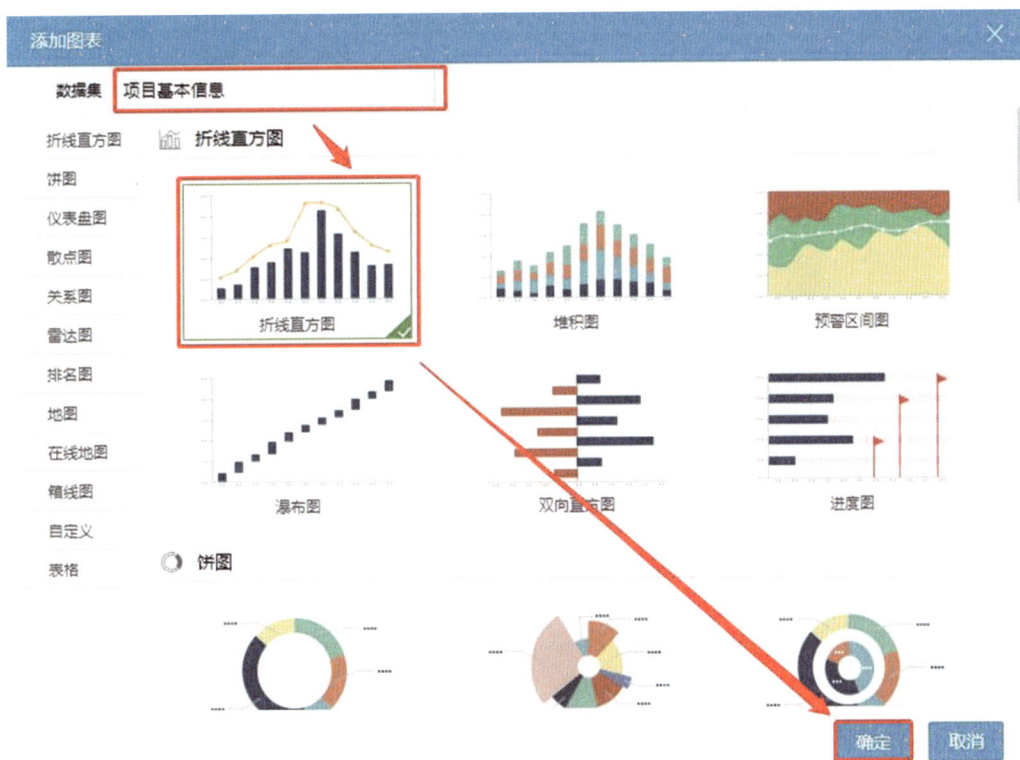

图 6-17 选择图表类型

第六步：进入图表编辑页面，平台默认选择横轴和左轴序列中的维度和指标，拖曳"项目名称"至横轴位置，拖曳"项目累计收入"至左轴序列，页面会根据所选内容即时生成图表预览，单击"返回"按钮，返回仪表盘。

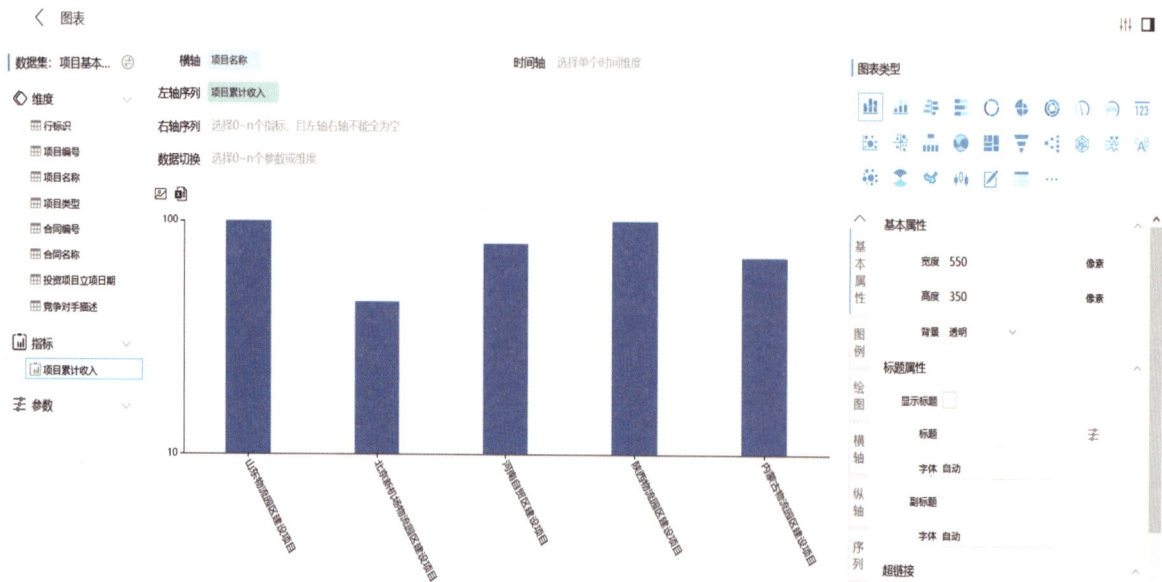

图 6-18　配置图表

第七步：在仪表盘中，可以调整图表大小和位置。

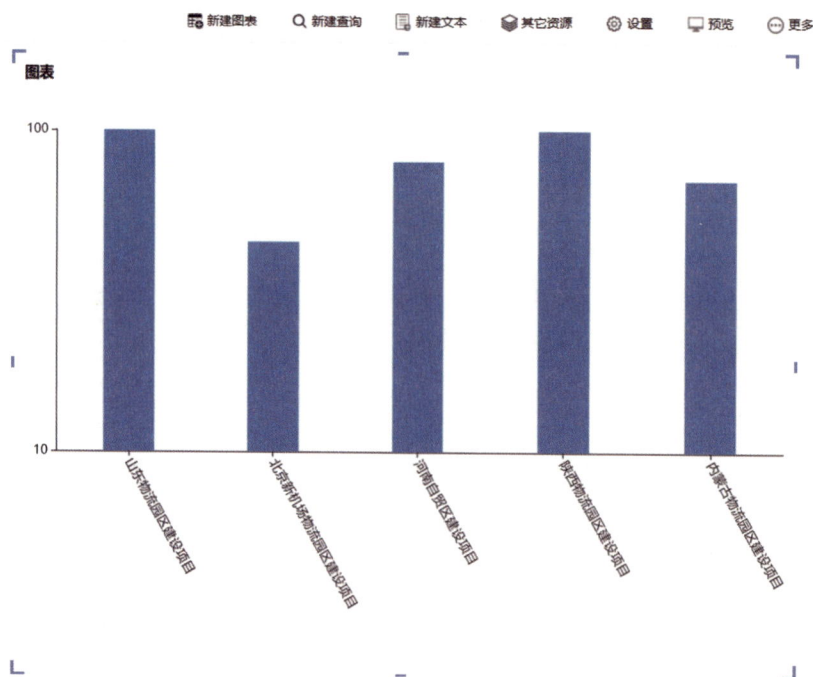

图 6-19　调整图表大小和位置

## 五、配置查询

第一步：在我的仪表盘中，单击"新建查询"。

扫码观看微课

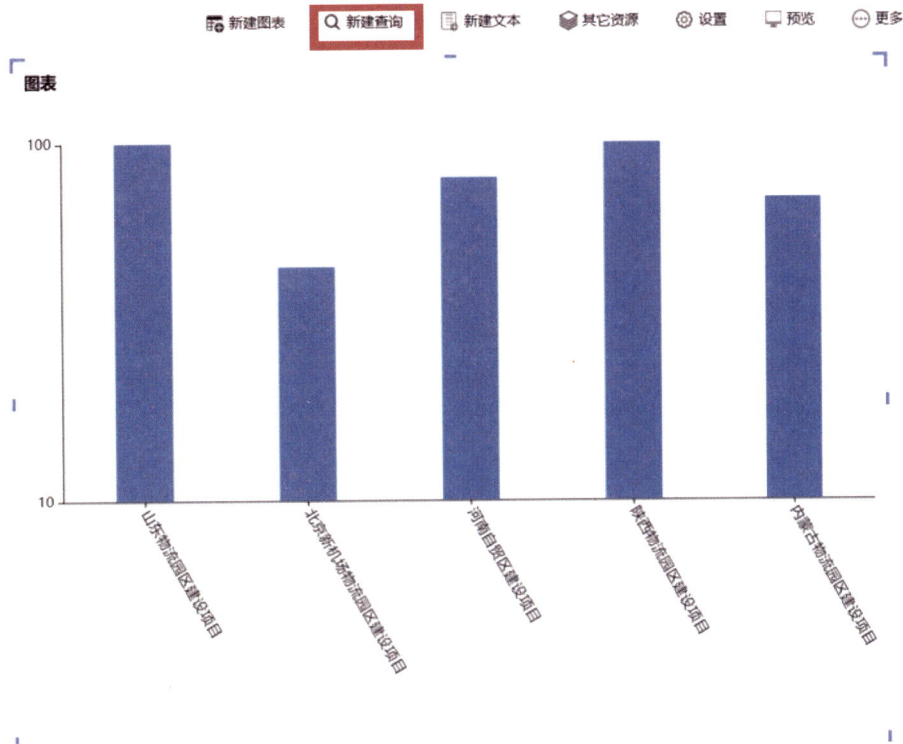

图 6-20 新建查询

第二步：新建查询页面与新建数据集页面类似，选择"项目基本信息"数据集，可以选择"项目名称时间"作为过滤条件，单击"预览"查询数据后，单击"确定"。

图 6-21 配置查询

第三步：在我的仪表盘中，可以通过拖动边框调整查询表格的大小和位置。

**即席查询**

项目名称: 请输入关键字

| 行标识 | 项目编码 | 项目名称 | 名称 | 合同编号 | 合同名称 | 投资项目立项日期 | 竞争对手描述 | 项目累计收益 |
|---|---|---|---|---|---|---|---|---|
| 4B00092BA000000154F950592FC62C5D | XM100002 | 山东物流园区建设项目 | 运输服务项目 | JQGOVXY20140214 | | | | 100.0 |
| 4B00E8F260000021A8D0A2AE5CEAE720 | XM100004 | 北京新机场物流园区建设项目 | 培训服务项目 | JQSWXY20150027 | | | | 45.0 |
| 4B05DDC420000001C324C1659EBD1E56 | XM100005 | 河南自贸区建设项目 | 包装服务项目 | JQSWXY20150019 | | | | 80.0 |
| 4B0B6538C00000013ACEA66D7B0FB6A3 | XM100001 | 陕西物流园区建设项目 | 仓储管理项目 | JQSWXY20150028 | | | | 100.0 |
| 4B10F1B9400000211DAE610301F365F1 | XM100003 | 内蒙古物流园区建设项目 | 仓储管理项目 | JQSWXY20150015 | | | | 70.0 |
| 4B154D60A0000021A1CD2C2F0DA7879C | XM100010 | 哈尔滨龙运物流园区建设项目 | 包装服务项目 | JQSWXY20150093 | | | | 55.0 |
| 4B2FE715E0000021AD6585987970B6E8 | XM100006 | 海南自贸区建设区 | 流通加工服务 | JQSWXY20150029 | | | | 30.0 |
| 4B38B7DAC000000159AC417E7F28DA7E | XM100007 | 宁夏某某建设项目 | 仓储管理项目 | JQSWXY20150021 | | | | 67.0 |
| 4BD7FDEF800000013C914EA9D76A9FAB | XM100008 | 天津滨海新区贸易港建设 | 运输服务项目 | JQSWXY20150017 | | | | 90.0 |

图 6-22 调整查询表格的大小和位置

## 【任务总结】

通过本任务的学习，我们初步掌握了个人工作台、数据集和仪表盘的基本概念，并在掌握这些概念的基础上，学会了如何通过数据资产管理平台进行简单的数据分析和可视化配置。

本任务的重点是掌握如何通过个人工作台建立数据集和配置仪表盘，难点是如何灵活运用仪表盘支持的各种类型图表，准确表达数据内涵并配置出可视化效果较好的分析仪表盘，这种情况需要对数据特征和各类图表的特点都有一定的了解，建议通过利用 Excel 数据集，使用不同类型图表建立仪表盘，以加深对数据可视化配置的理解。

基于本任务的学习成果，我们完成了该集团公司数据资产信息的简单可视化配置，为后续深入学习数据的加工、分析与展现奠定了基础。

## 【实战练习】

### 实操练习题

根据本任务数据集配置方法，尝试对集团公司其他二维表数据建立数据集，将练习成果截图上传至实训平台。

# 数据资产管理职业能力综合训练

## 【训练内容概述】

训练内容严格按照标准，由浅到深，由单一到综合，循序渐进。通过"创造我的成果"，使学生更有成就感。在考核中以学生最终交付的成果作为课程考核依据。

## 【职业能力综合训练】

职业能力训练包括通用基本技能实训、专业基本技能、综合职业能力训练。其中通用基本技能实训包括计算机应用能力、数据库优化能力、需求理解能力、普通话水平等；专业基本技能是将数据资产管理与更多专业领域结合，培养学生勤于思考、独立工作、独立分析问题的能力，初步具备数据资产管理工程师的能力；专业技能训练是根据教学进度及教学要求，安排学生到实习基地进行实训或在学校模拟实践；综合职业能力训练是让学生参加数据资产管理职业技能大赛、参加数据资产管理职能技能等级证书的考核等，促进学生综合职业能力的提高。

## 【创造我的成果】

本教材涉及的案例企业已完成集团内部数据资产的盘点和治理。为捕捉市场机会，进一步提升集团数据运营能力和企业经营风险防控能力，决策层和业务管理层还会重点关注其所在领域的行业发展态势、竞争对手、客户及供应商等外部数据，数据范围包括企业基本工商信息、司法风险、经营风险、企业发展、经营状况、知识产权、招投标信息等。

学生应思考如何将企业外部数据纳入集团数据资产管理范畴，在数据资产管理实训平台中调用数据资源包，根据提供的数据字典独立完成集团企业外部数据资源登记、数据稽核、数据安全与权限配置、数据可视化配置的数据全生命周期的管理工作，创造自己的企业数据资产管理产品，最终以实训平台呈现的交付成果作为考核依据。

# 参考文献

[1] 高复先. 信息资源规划：信息化建设基础工程[M]. 北京，清华大学出版社，2002.

[2] 康旗，韩勇，陈文静，等. 大数据资产化[J]. 信息通信技术，2015，9(06)：29-35.

[3] 马欢. DAMA 数据管理知识体系指南[M]. 北京，清华大学出版社，2012.

[4] GB/T 36073—2018，数据管理能力成熟度评估模型[S].

[5] GB/T 5271.4—2000，信息技术词汇　第 4 部分：数据的组织[S].

[6] GB/T 18787.3—2015，信息技术电子书　第 3 部分：元数据[S].

[7] ISO/TS 8000-150：2011，数据质量　第 150 部分：主数据：质量管理框架[S].

[8] GB/T 37988—2019，信息安全技术　数据安全能力成熟度模型[S].